现代教育学与中职英语课堂模式研究

马德俊　林小平　李　丽◎著

北京燕山出版社
BEIJING YANSHAN PRESS

图书在版编目（CIP）数据

现代教育学与中职英语课堂模式研究 / 马德俊，林
小平，李丽著.—北京 ： 北京燕山出版社，2023.9
　　ISBN 978-7-5402-7022-3

　　Ⅰ．①现… Ⅱ．①马… ②林… ③李… Ⅲ．①英语课
－课堂教学－教学模式－研究－中等专业学校 Ⅳ.
①G633.412

　　中国国家版本馆 CIP 数据核字 (2023) 第 143053 号

现代教育学与中职英语课堂模式研究

作　者	马德俊　　林小平　　李　丽	
责任编辑	李　涛	
出版发行	北京燕山出版社有限公司	
社　址	北京市西城区椿树街道琉璃厂西街20号	
电　话	010-65240430	
邮　编	100052	
印　刷	北京四海锦诚印刷技术有限公司	
开　本	787mm×1092mm　1/16	
字　数	205千字	
印　张	11	
版　次	2024 年 4 月第 1 版	
印　次	2024 年 4 月第 1 次印刷	
定　价	72.00 元	

作者简介

马德俊，男，黑龙江牡丹江人，1982年9月生，毕业于辽宁师范大学外语学院英语专业，硕士研究生学历，大连旅游学校（大连女子学校）高级讲师，主要教授英语课程。

林小平，男，有着多年从事中职英语教学的经历，曾经担任多年高考班的英语教学工作，教学经验非常丰富，对英语高考题目很有研究，对中职英语课堂教学更有心得体会。现任东莞市机电工程学校英语教师，平时课堂教学幽默风趣，教学方法灵活多变，具体问题具体分析，英语课堂教学效果显著，所教课程很受学生的喜欢，其个人教学研究方向主要是中职英语课堂教学。

李丽，女，汉族，黑龙江勃利人，东北林业大学英语语言文学硕士、讲师，现就职于东莞市机电工程学校，从事中职英语教育教学工作，主要研究方向为中职英语的教法与学法。工作期间，以第一作者身份公开发表专业学术论文5篇，曾经指导学生参加东莞市中职学校学生英语口语技能竞赛并获三等奖，曾荣获广东省教师教学技能大赛二等奖。

前　言

　　教育就是指人类在一定社会背景下所发生的促进个体社会化和社会个性化的实践活动。英语学科在中职学校中，与专业课程一样，具有同等重要的地位，也是一门非常重要的课程。中职学生综合素质的高低也与英语语言素质有着非常重要的直接关系。学好英语，对于中职学生提升自身专业素质和能力有着较为重要的作用，也能为中职学生毕业后择业与就业增加权重。当前社会飞速发展，城镇工业化建设的趋势并没有减缓，社会上对蓝领工人的需求量非常大，中职毕业生若有很强的英语应用能力，能为他们在未来的职业生涯中加分。

　　教师是课堂教学的组织者，是学生学习的引导者。课堂教学需要师生共同努力，教师要与学生经常交心谈心，让学生从心理上喜欢教师、接受教师，从心灵上与学生产生共鸣，才能使教学顺利进行。教师要更新教育观念、改变教育理念、了解学生情况，结合教学实际，采取一系列措施办法，变学生"厌学"为"愿学"，让学生在学习中真正做到想学、爱学、乐学、会学。针对学生英语基础差的情况，可以让学生学习如音标、基本语法知识等基础性的内容，帮助学生打牢学习英语的基础，使学生敢读、能读、会读，敢说、能说、会说。学生能够大胆上台，不管效果好不好，首先要给予充分的肯定，并表示高度的赞扬和充分的鼓励，形成强有力的激励机制，激发学生的英语学习兴趣。兴趣是最好的老师，只有对英语学习感兴趣，学生才会有学习英语的内生动力，进而激发积极思维，认真思考，努力寻找学习英语的最简单、最有效的方法。教学中，还可以适当地给学生讲讲英语笑话、幽默故事，调节英语课堂气氛。总之，要让学生时时刻刻在快乐的英语学习氛围中，感受到英语学习的乐趣，增强学习英语的兴趣。

　　本书是现代教育学与中职英语课堂模式研究方向的著作，从现代教育学概述介绍入手，针对教育与教育学、教育功能、教育目的进行了分析研究；另外，对现代教育过程、现代教育要素做了一定的介绍；还剖析了中职英语课堂教学方法、中职英语课堂教学模式、中职英语课堂管理与教学策略等内容。旨在摸索出一条适合中职英语课堂教学的科学道路，帮助其工作者在应用中少走弯路，运用科学方法，提高效率。对现代教育学与中职英语课堂模式研究有一定的借鉴意义。

　　本书在写作的过程中得到了广大同事的帮助，也参考了许多同行及相关领域专家的文献资料，在此表示衷心的感谢！由于作者水平有限、时间较为仓促，书中有遗漏或不足之处，敬请广大读者和专家提出宝贵意见。

作者

2023 年 1 月

目　录

第一章　现代教育学概述

教育学基础理论是现代教育学的一门分支学科，要了解本学科的性质和特点，就必须先对教育学有全面了解。只有先搞清楚什么是教育学，教育学的产生和发展历史，以及教育学的现代化趋势，才能明确教育学基础理论同教育学的学科关系，才能明晰教育学基础理论在教育科学体系中的学科地位。

第一节　教育与教育学

一、教育学的学科分类

20世纪50年代以后，科学和技术都在飞速发展，社会生产也开始了现代化。作为一门科学的教育学，也进入了现代化的时代。

教育学的现代化，既反映在指导思想的科学化和研究深度、广度的拓展上，也表现在学科体系的变革和学科的分化上。教育科学领域虽然已呈现出一派发展的新景象，然而作为教育基本学科的教育学却仍然看不出什么新变化。时代在不断变迁，教育理论也有了深化发展，但教育学的学科性质却一直没有发生改变，依旧是包揽一切的教育学科。这集中反映在以下两个方面：第一，直到现在都还普遍地把教育学既看作理论学科，又看作应用学科，要求教育学不仅要回答什么是教育，揭示教育的客观规律，还要回答教什么和怎么教，掌握具体的教育、教学的技巧和本领；第二，教育学的内容包揽了教育活动过程的一切，既有教育基本理论的阐述，又有教学、德育、体育、美育等方面的研究，更包括学校管理的知识。教育学既要研究教育的一般理论，又要传授教育、教学的实践技能，这几乎成了人们的共识。所以，长期以来对教育学属于理论学科还是应用学科，教育学应在理论方面发展还是在实际应用上下功夫，一直争论不休。教育学从理论方面加深，便被责难为"脱离实际"；从实际应用方面拓宽，则又被说成是"教师手册"，弄得教育学无所适从。

学科的分化是科学发展的必然规律。自文艺复兴以来，科学知识体系的发展，基本上是以科学研究的不断分化的形式表现出来的。科学在分化的基础上渐次出现了综合趋势。当今科学的分化，实际上成了科学综合化趋势的一种发展形势。

从教育学的发展历史可以看出，教育学是一门既古老又年轻的科学。它是从哲学体系中较晚分化出来的一门学科，其他科学在近现代已完成了自身的分化，而教育学却一直没有得到很好的分化，因而迄今为止这门学科仍缺乏新的综合的基础。在科学史上，教育学的发展是落后的。其实，当教育学从哲学中独立时起，便展现出分化的趋势。赫尔巴特在创立教育学体系时，就已经意识到理论与应用的分化问题，因而他把教育学划分为教育学的基础（目的论）、一般教育学（方法论）和教育学的特殊方面（教育技能）三部分。

继赫尔巴特之后，赖因（W. Rain）发展了教育学体系。他把教育学划分为历史的教育学和系统的教育学两部分，而在系统的教育学中又划分出基础论和实际论两大分支。赖因不了解学科分支的划分都是相对的，而不是绝对的。理论学科并不排斥应用成分，而应用学科也不否定其理论性的一面。正如理论、应用、技术三者的关系，理论方面有基础理论、应用理论和技术理论，同样技术也有实验技术、应用技术和生产技术。因此，应用学科也有理论，只不过是应用理论。不能认为划分为应用学科就是否定了其理论价值，或者划分为理论学科就是理论脱离实际。

赫尔巴特和赖因虽然还没有把教育学的基础理论和应用学科明确划分出来，但在教育学的初创时期，已预感到分科的趋势，这已经是难能可贵。其实在教育学刚刚独立初期，要求进行教育学的再划分也是不现实的，只有当科学的发展提供了再划分的可能性时，理想才会变成现实。

21 世纪科学技术迅猛发展，教育理论与实践也取得了长足进步，这些都为教育学的分化和综合创造了有利条件。在这种发展形势下，我们如果仍坚持教育学无分化的综合，使理论学科与应用学科性质混同，将阻碍教育学的进一步发展。

当今教育学的新学科如雨后春笋般纷繁呈现，为实现教育学的新发展创造了有利条件。教育科学的蓬勃发展，已经到了必须对教育学进行新的科学划分的时候了。

综观科学的发展，无论其如何分化，从门类结构（即一级结构）上看，都不外是基础理论学科、应用学科和技术学科三大部分。自然科学如此，社会科学也是一样。根据这一点，教育学从一级结构上看也应分为教育学基础理论学科、教育应用学科与教育技术学科三大分支。教育学基础理论（过去人们习惯称为总论、概论、原理）应当独立为基础理论学科，教育论、教学论、管理论等均应划为应用学科。科学的应用须通过技术实现，所以包含各科教学法、教育工艺学、教育研究法在内的教育技术学科也就成为教育学的另一个大的分支。这样，教育学的各门学科性质也就明确了。教育学基础理论是基础理论学科，教育论、教学论、管理论等是在基础理论指导下的应用学科，它们将要创立各自的应用理论和应用技术以指导教育实践。这样就避免了从前那种由于学科性质含混不清，而常常发生用基础理论来代替各自学科的弊端，使教育学更好地服务于实践。

二、教育学基础理论的基本问题

（一）社会、教育、人的相互关系是教育的基本问题

任何科学都有自身的研究对象，也都有自身的基本问题。教育学基础理论同样如此，也有自身研究的基本问题。教育学基础理论的基本问题就是教育同社会发展和人的发展的关系问题。这两方面的关系之所以成为教育学基础理论的基本问题，是由教育这一社会现象的性质所决定了的。

教育是随着人类社会的出现而出现的社会现象。教育现象一产生，便遇到两个方面的关系：一是与社会的关系，二是与人的关系。一个社会要想存在和发展下去，就必然要使每个人成为该社会理想的社会成员。而作为个体，人生下来以后，要想生存下去，也必须适应社会要求。那么如何才能做到？这就要靠教育。社会要把每个人培养成为该社会的合格成员，其最有效的手段就是教育，而每个人要适应社会生存和发展，其唯一途径也是教育。所以，教育能够随社会一起产生并和社会一同存在、发展下去，是一种永恒的社会现象，其根本原因正是在于它的特殊职能适应了社会和人发展的共同要求。教育的特殊职能在于它是变社会需要为个体需要，使个体要求适应社会要求的基本途径。社会、教育、人的关系就构成了历史的循环链条。教育成了社会存在和延续的纽带。教育在社会和人的发展这一循环链条中，是永远不可缺少的关键一环。人类种族的延续，从生理上说是靠遗传基因，而教育在一定意义上可以说是"社会遗传基因"。没有教育，社会文化就要中断，社会也就不可能存在。

既然教育一经产生便面对着两方面关系——教育同社会的关系、教育同人的关系，这便是教育面临的永恒关系。因此，如何正确认识教育同社会发展的关系，如何正确认识教育同人的发展关系，便成为教育学的基本问题。

教育同社会发展的关系和教育同人的发展的关系，是同一问题的两个方面。教育同社会发展关系的实质在于教育为社会培养合格新人以保证社会延续，而教育同人的发展的关系也是在于使人的发展适应社会发展要求以求得生存。所以，在这一对关系中，实际上就是由教育来调节人与社会的关系的，教育是人与社会关系的联结点。任何教育的基本职能都是在谋求人与社会发展的平衡。教育学基础理论说到底就是从总体上探讨人与社会统一的规律，就是在研究教育如何适应社会要求和如何适应人的发展需要的客观规律和原理。

教育同社会发展的关系问题、教育同人的发展的关系问题是教育学基础理论的基本问

题。现在有一些教育学把这看作教育的两条规律，甚至把前者说成是教育的外部规律，把后者说成是教育的内部规律，可以认为这种提法是不确切的。教育同社会发展的关系，教育同人的发展的关系，只是教育同客观事物关系的两个基本方面，它并不等于规律。规律是指在事物关系中蕴藏的本质联系。比如，教育同社会发展的关系只是表明了教育与社会的联系，而在这一关系中蕴含着的本质联系乃是教育总是要适应社会发展要求并作用于社会发展。所以把教育同社会发展的关系说成是规律，无异于把物质同意识的关系、经济基础与上层建筑的关系说成是规律一样，实际是没有意义的。当然这种提法的本意是想进一步研究关系中的本质联系，但是，把关系说成规律，无意中使人们产生关系等同于规律的误解，妨碍对规律的进一步探究。

至于有人还把教育同社会、教育同人的关系说成是教育的外部关系和内部关系，更会给人们的认识造成混乱。

教育同社会发展的关系、教育同人的发展的关系，是教育同外部事物关系中两个大的侧面。这两大关系始终贯穿在教育的全部活动过程中，任何教育都离不开这两大方面的关系。教育理论从根本上说就是要认识这两大方面关系，研究其相互作用的规律，以便依据规律去指导教育活动。所以，对教育同社会发展、教育同人的发展关系的认识，便成为教育学基础理论的基本问题。

（二）教育的基本问题与教育观

教育同社会发展的关系、教育同人的发展的关系是教育的基本问题，它不仅贯穿教育活动过程的始终，而且也是教育观的核心。

教育观简要地说就是关于教育的根本观点。一种教育思想关于教育的观点可以是多方面的，但最根本的是关于教育基本问题的认识。任何教育观都自觉或不自觉地要对教育同社会发展、教育同人的发展的关系有个既定认识。教育家一系列的教育学说、教育观点，都是以他（她）对教育基本问题的认识为基础的。由于对教育基本问题的认识不同，便形成了各自不同的教育思想。例如，对于教育同社会发展的关系，凡是认为教育是决定社会发展的根本力量的观点，不管其表现形式如何，都是教育超越经济、教育超越政治的唯心主义观点；相反，承认不是教育决定社会发展，而是社会关系决定教育的观点，就是唯物主义的教育观。对于教育同人的发展关系的认识也是一样。凡是认为教育可以随意塑造人，可以任意决定人的发展的，便是教育万能论者；反之，认为人的本性先天预成，教育只能顺其自然的，就是教育无能论者。只有承认人的本质形成于社会，教育只有按照社会与人的统一要求来培养人，才是科学的教育观点。正是由于各种教育观点对教育基本问题的认识不同，才造成对教育本质、教育作用、教育目的、教育方法等一系列问题的不同认识。所以，教育基本问题是教育观问题的核心，对教育基本问题的不同认识形成了教育观的本质区别。

总之，教育基本问题在教育观中是十分重要的，对于教育基本问题认识不同，教育观就不同，教育方法也各异。可见，对于教育基本问题的认识是教育观的核心，是任何教育基本理论都回避不了的。只有科学地回答了教育的基本问题，才能正确认识教育的本质和作用，才能科学地揭示教育的基本规律。

三、教育学基础理论的科学基础

（一）马克思主义哲学基础

教育学基础理论的科学基础首先是马克思主义哲学。马克思主义哲学是科学的世界观和方法论，只有以马克思主义哲学为指导的教育学基础理论，才能成为科学的教育理论。

哲学是世界观和方法论。一切教育理论都自觉或不自觉地受着一定哲学的影响。马克思主义哲学是人类社会迄今为止最科学的世界观和方法论，它是对自然、社会和人类思维规律的最高概括。辩证唯物主义和历史唯物主义是马克思主义哲学的精髓，马克思主义哲学的重大成就就是它科学地实现了在历史领域唯物主义和辩证法的有机结合。马克思主义运用历史唯物主义分析历史，探讨社会发展规律，确立了一系列的科学观点。马克思主义哲学中政治经济统一的观点，辩证唯物主义的认识论和实践论观点，历史的发展的观点，社会矛盾和阶级分析观点，等等，不仅是研究社会历史，也是观察分析教育的基本观点。离开了这些科学观点的指导，就不可能揭示教育的客观规律。事实上，马克思主义不但为教育研究提供了科学的方法论，而且也正是在这些科学观点的指导下，揭示了教育发展的客观规律，解决了教育思想史上长期无法解决的许多重大教育问题，为教育理论的科学化奠定了理论基础。例如，教育同社会关系、教育同人的发展关系、教育的根本目的，以及教育的基本途径等一系列教育思想史上存在的重大理论问题，都是在马克思主义指导下得到正确认识的。所以，科学的教育学基础理论的建设绝不能脱离马克思主义世界观和方法论的指导，必须以马克思主义哲学为基础。

（二）相关社会科学基础

教育本身是社会现象，它同其他社会现象有着密切联系。认识教育现象，就不能不了解它同其他社会现象的关系。社会学是一门研究人类社会生活及其发展的科学。社会学揭示了存在于人类各种历史阶段的社会形态结构及其发展过程的规律。教育学基础理论要想揭示教育同社会发展的联系，探求教育的社会功能，了解教育在社会发展中的作用，就要借助社会学的理论成果。

政治经济学是社会科学中另一门重要的科学。它是研究人们的生产关系即经济关系的科学。它的任务是揭示人类社会各发展阶段的物质资料生产和分配规律。马克思主义的产生，使政治经济学发生了革命性变革。它批判地吸收了古典政治经济学的优秀成果，摒弃了不科学的观点，创立了剩余价值理论，阐明了资本主义产生、发展、灭亡的规律。教育是由政治经济决定，又作用于政治经济的，所以，教育不能脱离政治经济。教育同社会发展的关系须要用政治经济规律来说明，因此，教育科学的发展也要以政治经济学为理论基础。

伦理学也同教育理论建设相关。伦理学是关于道德的科学。它研究道德的产生和发展，以及人们的行为准则和规范。教育不仅要向学生传授知识、技能，更要培养学生的道德品质，树立科学世界观。所以，伦理学也是学校德育的理论基础。教育学基础理论，也要借助伦理学的研究成果，来探讨对人们进行德育的规律。

综上所述，教育学基础理论的建设离不开相关社会科学的基础，绝不能孤立进行。

（三）相关自然科学基础

教育学基础理论不仅要以社会科学为基础，也要以自然科学为基础。生理学、解剖学、遗传学及心理学等相关科学也是教育理论赖以发展的科学基础。

人体生理学和解剖学是研究人体各种功能、活动规律和人体形态、结构及其发生发展规律的科学。作为教育对象的人，既是社会实体，也是具有生命的自然实体。教育的任务不仅是传授知识，形成一定的思想品质，还要培养健康体魄。因此，教育科学也必须了解人体生理学和解剖学所提供的客观规律。尤其是把握青少年的生理特征，对教育更具有重要意义。

生命科学中的人类遗传学，也是教育科学须借助的自然科学。遗传学是研究生物遗传和变异的科学。人类也有遗传，人类遗传的特征和规律如何？它同教育的关系怎样？这也是教育科学不可忽略的基础知识。

心理学是研究人的心理形式及其规律的科学。心理是人的大脑的机能，它包括人的感觉、知觉、记忆、思维、情感、性格、能力等心理过程和个性特征。教育和心理更是密切相关的，尤其是普通心理学、发展心理学、教育心理学所揭示的规律对于教育更有直接意义。只有运用心理科学的研究成果，教育学基础理论才能更好地揭示教育同人的发展的关系，才能深刻阐明人的发展与教育的机制。

（四）系统科学基础

系统论是现代科学的新成果。它是用系统的观点进行自然科学、社会科学研究的理论和方法，它包括控制论、自动化理论和信息论等理论。系统论是综合性的现代科学方法论，它的核心是主张以系统的整体性、目的性、最优化来研究事物。系统论是现代科学技术发展的成果，它对各门学科的科学研究都有重要的方法论意义。

教育这一社会现象不是杂乱无章的，它有着严密的系统。因此，研究教育也必须坚持系统的方法，这样才能有效地揭示教育的规律。

马克思主义唯物辩证法包含了系统的科学思想，它为系统论的发展提供了理论基础。系统论的产生，则丰富了唯物辩证法，更加深化了辩证唯物主义的认识论。所以，系统论的产生并不能代替唯物辩证法，系统论只能是唯物辩证法的深化。

总之，教育学基础理论是一门复杂的科学，它的形成需要依赖社会科学、自然科学和思维科学等诸多学科的成果。教育学基础理论在一定意义上也可以说是一门开放的综合性的学科，它只有在马克思主义指导下，以其他相关科学为基础，才能建设成为真正现代化的教育理论科学。

四、学习教育学基础理论的意义和方法

（一）学习教育学基础理论的重要意义

教育学基础理论是一门独立学科。它的任务在于揭示和概括教育的一般规律，同时，还要依据这些客观规律，阐述实施教育的基本原理和方法。因此，它是每一位教育工作者都必须掌握的基础知识。学习教育学基础理论的重要意义，主要体现在下述 5 个方面：

1. 学习教育学基础理论是树立科学教育观的需要

教育观是从事教育工作的根本指导思想。要想有效地从事教育工作，必须有科学的教育观指导。每位教育工作者都自觉或不自觉地受到一定教育观的指导——不是受正确的教育观指导，就是受错误的教育观指导。

教育观是对教育的根本观点。教育观不同，对于教育的本质、作用、意义、方法的认识也就不同。以不同的教育观为指导，所执行的教育路线和方针也就不同。所以，教育观是教育工作者的头等大事，教育工作者只有树立了科学的教育观，才能把握教育的正确方向，有效地从事教育工作。

正确的教育观的科学基础是教育规律。只有正确反映教育规律的教育观才是科学的教育观。所以，教育观是否正确，关键在于是否能够正确认识教育规律。

教育学基础理论就是揭示教育客观规律的科学。一门科学的教育学基础理论，必然反映教育的科学规律，提出科学的教育原理和根本方法。所以，科学的教育学基础理论，是科学教育观的理论基础。要树立科学的教育观，就必须认真学习和研究教育学基础理论。

2. 掌握教育学基础理论是正确制定和自觉贯彻教育方针的重要条件

一个国家和政党为推进其教育工作，必然要确立一定的教育方针和政策。教育工作者也必须按照一定的教育方针、政策开展育人活动。任何教育方针、政策，都是掌权者教育意志的体现。但是每项方针、政策绝不是统治阶级随意制定的，它都有一定的理论依据，问题是其理论依据是否正确，是否符合教育客观规律。社会主义国家的教育方针、政策，必须符合教育的客观规律，以保障人民群众的利益。教育方针、政策的科学化，是社会主义国家制定教育方针、政策的一条基本原则。广大教育工作者担负着国家人民的重托，为祖国培养未来社会成员。为了培养理想的合格的人才，教育工作者必须自觉地贯彻执行党和国家的教育方针、政策。因此，无论是教育工作的领导者还是广大人民教师，为了正确制定或自觉贯彻教育方针、政策，都必须认真学习教育学基础理论，掌握教育科学规律。只有在教育理论指导下，才能把握教育方针、政策的精神实质，才能保证教育工作的顺利进行。

3. 认真学习教育学基础理论是科学总结教育经验、不断提高教育质量的根本保证

学习教育理论是为了指导教育实践，使教育活动符合教育规律。教育工作是一项十分重要而又艰巨复杂的工作。教育事业无论在现在还是在将来，都直接关系着国家和社会的发展。我国的现代化建设，依靠的是人才的培养和全民族素质的提高，依靠的是现代化的科学和技术，其基础都在教育。要使教育同我国的社会发展要求相适应，就必须把握教育的客观规律。没有理论指导的实践是盲目的实践，盲目的实践就必然失败。为了使教育活动符合教育规律，不断提高教育效益，就必须很好地学习教育学基础理论。

要想做好教育工作，不断提高教育质量，仅靠努力和愿望是不够的，还必须不断总结经验，不断向古人、他人学习。实践经验的总结也需要理论的指导。只有在正确理论的指导下，才能对教育实践中的经验和教训做出科学的总结，保证教育质量的不断提高。

4. 学习教育学基础理论也是深化教育改革的迫切要求

教育是随着社会的发展而发展的，随着政治经济的变化而变化的。教育只有不断变革，才能同社会发展相适应。所以，教育的稳定是相对的，变革是绝对的。

教育的改革是需要理论做指导的。进行教育改革，必须在科学分析教育现状的基础上，找出新的矛盾，提出科学的解决办法。

教育改革，还须要经过科学论证和实验，这些都需要教育理论的指导。失去理论指导，靠非理性的盲目冲动，违背教育规律，改革就要失败，就要给教育事业造成损失。

教育改革是勇于实践和勇于创新的事业。改革就要破除以前不合理的教育制度、教育内容和教育方法，甚至要走前人没有走过的道路。教育改革是严肃的科学的事业，为了使教育改革不断深化、按规律办事、沿着正确方向前进，广大教育工作者都应坚持学习教育学基础理论。因为教育学基础理论，能使我们认识和掌握教育规律。

5. 深入学习教育学基础理论是进一步学习和发展各门具体教育学科的理论前提

教育学基础理论阐述的是教育的一般规律和基本原理，它对各门教育学科都有指导意义。各门具体的教育学科，如教学论、德育原理、学校管理学，以及各级各类教育学，都是在教育一般原理的指导下，探讨各自领域的特殊规律，研究具体的工作方法的科学。因此，从一定意义上来说，教育学基础理论是各门具体教育学科的理论基础，要学好各门教育学科，就要先学习教育学基础理论。

总之，每位教育工作者为了树立科学教育观，正确制定和贯彻教育方针、政策，总结教育经验，提高教育质量，自觉掌握教育规律，深化教育改革，深入学习研究各门教育学科，都应当首先认真学习教育学基础理论。

（二）学习教育学基础理论的主要方法

教育学基础理论是概括性很强的理论学科，又同哲学、社会科学和自然科学有着密切联系。要学好教育学基础理论，必须坚持正确的学习方法。

1. 学习教育学基础理论，必须坚持理论联系实际的原则，以理论指导实践

理论与实际相结合，是学习理论的根本方法。理论来源于实践，实践又需要理论指导，二者相互促进、共同发展。理论是不能同实践相脱离的。

理论联系实际，有两层含义。首先是学习理论必须从实际出发。理论不仅产生于实际，更要应用于实际。理论脱离了实际，也就失去了理论的生命力。学习教育理论也是同样。所有的教育理论，都是从教育实际中产生的，是实际问题的升华。实践中的新经验、新问题，经过理论升华，再经过实践检验，便形成新理论、新原理。所以，教育理论的源泉是教育实践。学习教育理论必须同实践密切结合。要经常关心教育实践的新经验、新问题，加强教育调查研究，不断总结新经验，创造新理论。

理论联系实际的另一层含义就是在具体实践之前必须认真学习理论。一个人在具体行动之前，不先弄懂理论，就只能是盲目的实践，更谈不上联系实际。每位教育工作者，要想做好教育工作，必须先掌握教育理论。只有先弄懂理论，才能谈得上与实际相联系，否则就只能是盲目的实践。没有正确教育理论指导的实践，不仅事倍功半，甚至会偏离方向，一事无成。所以，我们必须重视教育理论的学习，同时又要密切关注教育实际。只有把理论与实际结合起来，才有希望达到学习理论的目的。

2. 学习教育学基础理论，需要广泛的科学基础，吸收多方面的科学知识

教育是复杂的社会现象，研究教育需要多种多样的科学知识基础。要正确观察教育，必须有辩证唯物主义、历史唯物主义观点和系统科学理论做指导。要了解教育的社会作用，必须了解经济学、政治学、社会学等科学知识。要掌握教育对人发展的作用，首先要掌握与人的本质、人的身心发展相关的知识。要了解教育过程规律，又须要了解人的认识和思维规律，以及教育对象的年龄特点和个性特征。要掌握德育理论，还须要以伦理学等学科知识为基础。由上可知，教育学基础理论具有综合性特点，它在一定意义上是以其他相关科学成果做基础的。所以，我们学习和研究教育学基础理论，不可眼界狭窄，囿于教育，须要养成广泛的科学兴趣，多关心相关科学的发展，广泛吸收相关科学的研究成果。

3. 学习教育学基础理论，还要集思广益，注意研究讨论

教育学基础理论是教育实践经验的概括总结，不是教条。所以，学习教育学基础理论不能死记硬背，而应结合实际深入思考。研究讨论是学习理论的一种好方法，在学习中要经常多问几个"为什么"。遇到理论难点，不应回避，要发挥独立思考精神，要善于发现问题、研究问题，培养独立研究能力。

学习教育学基础理论不仅要学会独立思考，还要经常参与讨论。通过讨论，学习者可以互相交流思想、互相启发，有助于集思广益、增长知识，有利于对理论加深理解，锻炼分析问题、解决问题的能力。

第二节 教育功能

一、教育的个体功能与社会功能

（一）教育的个体功能

个体即个人。个人是相对于集体或社会而存在的概念，集体和社会是个人的集合，没有个体便没有集体和社会。我们所指的教育的个体功能主要是指教育对学生个体身心发展产生的功效和能量。教育的个体功能是在教育过程中发生的，所以也称为教育的本位功能或内生功能。从人与社会的关系来看，教育的个体功能包括教育的个体个性化功能和个体社会化功能。社会学认为，学习是人一生中的个人和社会经历，它会改变一个人的知识、态度和行为方式。对于这样的"经历"，没有一个社会任其自由发展。教育正是一个社会指导这样的学习经历的正式设置。因此，在历代社会学家看来，教育最主要的个体功能是使个体系统地社会化，而总体看来，社会学家们对教育的个体的个性化功能的研究较少。

这并非因为社会学家没有意识到教育还有促进个体个性化的功能，而是他们普遍没有把培养具有相对独立性的个体当作教育追求的目标。

学校作为一种社会组织机构，在整个社会体系中承担着重要的社会职能，其中，学校教育的社会化功能主要是促进受教育者成为社会合格的一员。在不同的社会历史时期，学校教育的社会化功能随着社会条件的变化而变化。

在现代社会中，学校教育不仅是促进个体社会化的重要工具，而且是促进个体专业化的重要手段。在现代社会中（包括社会主义社会和资本主义社会），社会生产力水平得到了高度发展，科学技术和社会知识总量得到了迅猛的增长，社会制度和社会关系日益复杂化。所以，现代社会中个体社会化的过程已成为个体不断适应社会、适应专业分工、适应劳动变换的专业化过程。个体不仅要为成为一个社会成员做好准备，而且要为成为一个专业人员做好准备。为了适应现代社会各种职业角色和具有高度专业化的职业特点，社会成员不仅要具有高度专门化的知识、技能，还要具有迅速适应职业角色变换的能力。这些都必须由学校来承担。因此，在现代社会中，教育作为促进个体社会化和专业化的重要手段是其他社会机构所无法替代的。

（二）教育的社会功能

教育的社会功能是指教育所具有的促进社会的发展的功效和能量，它是相对教育的个体功能而言的。从教育作用的对象上来讲，教育的社会功能可分为教育的经济功能、政治功能和文化功能。而从教育作用的方式上来讲，教育的社会功能可分为教育维持社会运行的功能（以下简称教育的维持功能）、适应社会变革的功能（以下简称教育的适应功能）和建构社会未来的功能（以下简称教育的建构功能）。教育的社会功能分类的更详细分析留在后面，这里仅就教育的社会功能与个体功能的关系做些说明。

人是社会的主体，人类社会的最高理想是使人得到全面、自由的发展。人是教育的对象，教育本质上是培养人的活动，教育促进人的身心发展是由教育本质所决定的，教育促进人的身心发展功能是客观的。教育是培养人的活动，教育对社会整体发展的功能的实现是以教育促进人的身心发展功能的实现为前提的，从这个意义上来说，教育促进人的身心发展的功能制约着教育对社会发展的功能。人是社会的人，是具体的、现实的人，人的身心发展不能脱离社会，要受一定的社会条件制约。社会的发展又不断地为人的身心发展创造条件，从这个意义上来说，教育对社会的整体发展功能又制约着教育促进人的身心发展的功能。同样道理，教育对社会各个领域的功能与教育促进人的身心发展的功能之间也是相互联系、相互制约、相互促进的。在教育过程中，教育把一定社会对人的发展的要求转化为学生个体的身心发展，这种发展必然能促进经济、政治和文化等的发展，必然能维持社会的良性运行、适应社会的积极变革、建构社会的美好未来，从而在教育过程中就实现了教育的个体功能与社会功能的统一。而教育促进经济、政治和文化等的发展的功能，维持社会的良性运行、适应社会的积极变革、建构社会的美好未来的功能，又必须通过学校为社会提供的毕业生，通过毕业生个体身心发展对社会生产和社会生活的作用来实现。也就是说，它是毕业生个体身心发展在社会运行中发挥作用的结果，是教育的个体功能外化的结果，这样，教育的社会功能与教育的个体功能，就在符合一定社会对人的发展的要求的教育中和社会运行中实现了统一。

二、教育的显性功能与隐性功能

（一）认知教育的显性功能与隐性功能

在认知方面，教育的显性功能主要体现在学科知识体系的教导方面，教育的隐性功能则辅助其注重和引导知识的学习。显性学科教育以认知教育为基本方式，以课堂灌输和理性说教为主要特征，但是，它需要与隐性教育相衔接。同学科教育（显性教育）相比，隐性教育在促进知识内化和知识向能力、素质的转化方面具有更大的作为。因此，隐性教育过程不但不排斥认知，反而以认知为起始点和发展条件，它在帮助学生反刍课程知识的同时，着重引导学生学习那些非公开性、教育性经验。

（二）养成教育的显性功能与隐性功能

经过对学校德育实践的大量考察，不难发现隐性教育最重要的作用是德育功能。德育在隐性教育中的显要位置，主要不是因为德育对于传统教育定位的影响，而是因为它反映了德育的特殊本性和机制的客观要求。学校德育工作主要由道德认知和道德养成两部分组成。思想品德课程教学活动这些显性教育以灌输道德伦理知识为主，并通过"读""记"等手段实现并考察其教育效果，获得其认知的显性教育功能。道德认知教育虽然是品德构建的重要前提，但是，德育课程学习成绩并不等于实际思想道德水准。道德养成的过程，亦即体验道德情感、磨砺道德意志、磨炼道德行为、修炼道德人格的过程。在实践中，主体道德意识向道德行为的转化是一个非强制的渐进的过程。学生通过暗示、舆论从众机制产生潜在心理压力和动力，自觉规范约束自己的行为，逐步形成良好的道德习惯。不仅道德素质依赖于养成过程，个体的生活作风、心理素质、审美品质以及各种能力的培养，无不要通过长期的潜移默化的隐性养成来实现。

（三）素质整合教育的显性功能与隐性功能

现代教育的目标定位应是培养知识面宽、能力较强、个性完善、素质全面的新型人才。对此，学科教育担负着主要任务，提供了重要的认识基础。但是，由于受到教育内容、方式、环境、时空等的局限，难以最大限度地发挥素质整合的效能。相比之下，隐性教育同素质整合有着更为广泛、更为直接的相融性，它从机制上为主体的素质生成与整合提供了诸多有利条件，从而成为实现素质整合的又一重要途径。它为学生提供了综合性的学习内容，利于克服学科教育在培养能力和非智力因素方面的缺失，进一步满足了人才结构合理化要求。隐性教育具有育人环境的开放性、真实性和相对完全性。学生通过丰富的文化活动、和谐的人际关系、健康的教风学风与多彩的集体生活，陶冶情操、锻炼心智、净化灵魂和感悟人生。隐性教育还具有方法、手段的灵活性，运用情境感染、人际交往、舆论引导、磨砺教育等方式，培养学生的独立生活能力、科学思维能力、社交能力、职业能力、组织能力乃至休闲能力，以实现预期社会化教育要求。

三、教育的维持、适应、建构功能

（一）教育的维持功能

教育的维持功能是指教育维持社会运行的动力和能量。维持社会运行就是维持社会再生产。社会生产过程既是人类生活的物质生存条件的生产过程，又是一个在历史上经济上独特的生产关系中进行的过程，是生产和再生产这些生产关系本身，因而生产和再生产这个过程的承担者、他们的物质生存条件和他们的互相关系即他们的一定的社会经济形式的过程。这意味着，社会再生产过程包括社会产品、劳动力和社会关系的再生产过程。在当今社会，教育是劳动力再生产的必要手段。换句话说，教育把潜在的劳动力变成现实的劳动力，来维持劳动力的再生产，从而维持社会运行。

（二）教育的适应功能

教育的适应功能是指教育适应社会变化的动力和能量。社会是由物质因素和非物质因素组成的，各种因素因环境和人类活动的变化而发生力量对比上的变化，社会因此也就不断发生变化。对于人来说，社会是最直接、最现实的生存环境。为了人类的生存和延续，人们不得不适应社会的不断变化。不可否认，人们可以通过自身有机体的自发调节来适应自然环境的变化，但这种调节所适应的范围是相当有限的。人们适应社会变化，主要靠知识结构和智力结构的调整。例如，技术进步导致劳动力市场对高学历人才需求的增加，经济结构的变化导致就业结构的变化，等等，都需要人们不断调整自己的知识结构和智力结构以适应这种变化。教育是更新人们知识结构和智力结构的主要手段。人们通过接受教育来实现自身知识结构和智力结构的更新，以便适应社会变化。教育就是面向社会变化来调整课程结构、专业结构、招收结构，促使学生的知识结构和智力结构与社会经济结构相适应，并通过加强学生学习能力的培养来适应社会变化。

（三）教育的建构功能

教育的建构功能是指教育建构社会未来的动力和能量。教育维持社会运行，不是把社会简单地复制出来，而是要构建一个新社会。教育适应社会变化，不是被动适应社会变化，而是主动适应社会未来的变化，去构建一个更理想的社会。因此，在社会进步的历史中，教育总是扮演着构建社会未来的角色。人是社会生产力的主体。构建社会美好未来，从根本上讲，就是构建先进的生产力，构建体现先进生产力的劳动大军。这样的劳动大军不可能自发地成长，必须靠教育来造就。所以，教育永远是构建社会未来的重要力量。20世纪70年代后期之前，内生变革理论一直是变革理论的关键，这一理论关注那些被教育工作者群体用以发起和促进变革的各种资源，而此后，变革理论的关注点开始转向分析和比较不断变化的变革的各种条件，对外生产关联和内生各因素之间不断变动的平衡做出解释，从而发展出教育变革的"外生关系"模式。教育变革的两难困境只能在具体的地方情境中被理解。

划分教育的维持、适应、建构功能让我们了解到教育不仅是维持社会稳定的力量，而且是打破社会稳定并建构新社会的力量。

第三节　教育目的

一、教育目的概述

（一）教育目的的概念

目的性是人类实践的一个根本特性，也是人的实践活动与动物的本能活动之根本区别。可以说人的一切实践活动都具有自觉的意图，具有预期的目的。劳动过程结束时所要得到的结果，在这个过程开始时就已经在劳动者的表象中存在着，即已经观念地存在着。没有目的，就不成其为人的实践活动。

教育是人类所特有的实践活动，这种实践活动也具有一定的目的。在教育实践活动中，教育者的活动对象是受教育者，受教育者就是教育者所要塑造的客观世界，要把受教育者塑造成为什么样的人，在教育过程开始以前就以表象的形式存在于他们的头脑之中了。他们的一切活动都是为了在教育对象身上实现自己的目的。教育是对于受教育者心理上所施行的一种确定的、有目的的和有系统的感化作用，以便在受教育者的身心上，养成教育者所希望的品质。可见，教育是有目的的活动。

那么，什么是教育目的呢？概括地说，教育目的是指教育所要培养的人才的质量规格。它反映着社会对教育总的要求，是人们在观念上、思想上对教育活动结果的设计。广泛意义上的教育目的存在于一切教育活动之中。

（二）教育目的与培养目标

教育目的和培养目标是两个既有联系又有区别的概念。教育目的是指教育者从事教育活动的意图，其所追求的最后结果就是培养出一定质量和规格的人，反映的是社会对教育的总的要求；而培养目标则指某一级或某一类学校，根据教育目的确定的培养人才的具体规格，即教育者所期望形成的受教育者素质和能力的具体内容。它是衡量教育目的的尺度和标准，旨在对不同类型的学校进行调节和控制。

教育目的集中反映了国家和社会对青少年的要求，是所有学校和教育工作人员都必须遵循的。此外，各级各类学校还有着自己的培养目标，它是在教育目的的指导下，根据各级各类学校不同的任务和教育对象而提出来的培养人的具体质量和规格。教育目的和培养目标之间的关系，是一般和个别的关系。没有具体的培养目标，教育目的无法在各级各类学校中落实；但制定具体的培养目标必须根据总的教育目的，否则就会偏离办学的方向。

总之，要实现教育目的，必须通过具体的培养目标；而制定具体的培养目标，更必须坚持教育目的这个根本方向。偏离任何一方，都会给教育事业带来严重影响。

（三）教育目的的结构

教育目的的结构，主要是指其内容结构，大体上由两部分组成：一是要为社会培养什么样的人，二是培养的人的质量规格。

教育要培养什么样的人和培养出来的人的质量规格，是随社会政治经济制度和生产力发展水平的不同而不同的。社会主义社会，政治经济制度发生深刻变革，社会成员不再被分为统治者和被统治者，而都是社会主义的劳动者或建设者。因此，社会主义教育的目的就是培养全面发展的一代劳动者。社会主义的教育就是要培养受教育者在德育、智育、体育几方面都得到发展，成为有社会主义觉悟的有文化的劳动者。

以上事实说明，教育为社会培养什么样的人，教育为社会培养的人的质量规格，在各个不同历史时期，在各种不同的社会政治经济制度和生产力发展水平下，是各不相同的。因此，制定教育目的，必须依据社会的政治、经济、文化和生产力发展的状况与需要。

（四）制定教育目的的重要意义

教育是一种培养人的复杂的社会实践活动，需要较长的周期，需要教育工作者进行有计划、系统的工作，并要求各方面的紧密协作。因而，制定一个明确的教育目的，具有十分重要的意义。

第一，教育目的是教育工作的出发点，也是教育工作的归宿。它指导和支配着整个教育过程，人们总是按照一定的教育目的去选择教育内容，采用一定的教育方法和手段，组织一定的教育活动，乃至确定一定的教育制度和结构。可以说，一切教育活动都是实现一定教育目的的过程。过程在目的的支配下运动，目的在过程中实现。教育工作要根据教育目的来计划和安排，也要根据教育目的来检查和验收。

第二，教育目的规定着教育对象的发展方向。人们对受教育者进行教育，是依照一定的教育目的来进行的。从根本上说，就是对教育对象的发展进行控制，改变其自然盲目的发展过程，或摆脱在与教育目的不相符合的活动干预下可能出现的其他发展过程，并将其纳入预定的发展轨道。简言之，这种控制也就是使教育对象的发展服从于体现社会意志的规定，并根据一定社会的期望而发生变化，形成一定社会所需要的品质，从而成为一个社会的合格成员。

第三，教育目的是社会实现其对教育的制约作用的中心环节。从整个社会来看，教育系统是社会这个总系统中的一个子系统，它必须通过教育目的才能纳入社会总系统之中，成为这个总系统的组成部分。一定的社会总是确定一定的教育目的，并以这个目的来规定教育的运动方向、内容和范围，使教育这个子系统与社会总系统发生联系并受总系统的制约。

总之，教育目的是教育理论体系中的一个核心问题，教育工作者只有提高对教育目的的认识，才能顺利地进行教育活动，提高教育质量。

二、教育目的的特性

（一）教育目的是客观需要在主观上的反映

人的实践活动的目的，作为一种在观念中对象性地存在着的主观愿望或理想，必须向客观现实转化，体现为物化的或实在的结果，即现实的对象化。在这里，观念中的目的先于实现了的目的，即先于实践的结果，因而，似乎单纯是一个从主观到客观的过程。其实，人们无论是提出目的还是实现目的，都必须以客观存在的现实世界为前提和依据。从教育发展的历史来看，不同社会、不同国家的教育目的是各不相同的，甚至有着本质的差别。这些不同的教育目的，又往往是由这个社会的教育家或这个国家的政府提出的，体现着某个人或某个集团的主观意志。然而，教育目的无论如何也不是纯粹自由意志的产物，它必须以客观的社会、经济、文化等为前提和依据，必须以社会对人的发展和对教育的要求来规定，是社会的客观需要在人们观念中的反映，体现着主观与客观的统一。

（二）教育目的是教育理想与现实的结合

人类的教育活动是一种复杂的培养人的活动，这就决定了它是一个长期的过程，不可能一蹴而就。教育目的所要实现的是培养一定时期后参与社会生活的人，因而在确定教育目的时必须考虑未来的社会要求。可以说，教育目的在一定程度上反映了一定社会的教育理想。教育目的具有超前性，它所强调的是未来，有预定的指标，是引导现实发展的一种标志。但是，教育所要培养的未来对象，必须按照预定的教育目的，通过各种现实的活动而培养出来，不可能是对象本身自然发展的结果。这就要求我们在制定教育目的时，必须从客观的现实情况出发，充分考虑各方面的可能性，从而制定出切实可行的教育目的。

教育目的是培养未来社会生活的参与者，因而，其所要形成的人的品质必定是超越现实的，有时似乎与当前的现实对象所具有的品质相对立。但是，这种教育理想与现实的对立，只是社会发展中的对立，而不是教育理想与现实本身的根本对立。又由于教育过程的长期性，教育目的的理想性又表现为阶段性。因此，在制定和实施教育目的的过程中，不仅要从实际出发，还要将教育目的落实于客观现实，落实于我们的现实工作，调动一切力量，为实现教育目的服务。只有这样，才能充分实现教育目的，从而培养出合乎社会需要的人才。教育目的是教育理想与现实的结合。

（三）教育目的的社会制约性与人的身心发展的制约性相统一

教育目的的社会制约性，是指一定的教育目的受一定社会的政治经济制度和生产力发展水平所制约。马克思主义原理告诉我们，社会存在决定社会意识。教育作为社会意识形态的一个组成要素，也是由社会存在决定的。作为教育核心问题的教育目的，同样受制于社会存在，受制于社会生产方式。

教育目的受生产力发展水平所制约，但直接决定教育目的的却是一定社会的政治经济制度，而不是生产力的发展水平。教育目的既受制于一定社会的政治经济制度和生产力发展水平，也受制于教育对象的身心发展规律。人的身心发展具有一定的顺序性、阶段性、不平衡性、个体差异性等特点，教育只有适应人的身心发展规律，才能促进青少年儿童的身心发展。同时，社会生产方式，即一定的社会生产力和生产关系、社会意识形态，都对人的身心发展有着巨大的作用。政治经济制度的先进与落后、生产力发展水平的高与低，不仅为人的身心发展提供不同的机会，而且也决定着人的身心发展水平。在一定社会环境中生活的个体，由于各人接触到的"人类化的自然"不同，也就会形成不同的心理内容和心理发展水平。当然，说人的身心发展水平决定于一定的社会政治经济制度和生产力发展水平，并不意味着人只能消极、被动地适应其所生活于其中的社会环境。人在接受环境影响时也是个积极的活动者。人们在各种活动中，既反映客观环境，又在改造着环境：克服和转化其中的不利因素，充分发挥积极因素，创造可以促进自身发展的最佳状态的环境。由此可见，一个社会的政治经济制度和生产力发展水平，决定着这个社会中人的身心发展水平，决定着这个社会教育目的能否实现；而人的身心发展水平又直接影响教育目的的实现程度。二者共同制约着教育目的。

（四）对"个人本位说"和"社会本位说"的评述

教育目的是由人提出和制定的，体现着人的主观意志，但教育目的毕竟不是纯粹主观臆定的东西，它必须以客观的存在作为依据。由于人们对教育持有不同的态度，有着不同的教育价值观，因而在制定教育目的的出发点上也存在着差异。如果对教育史上关于教育目的的不同主张做一个分析的话，可将其概括为两大派："个人本位说"和"社会本位说"。"两说"之争的焦点是：人是为自己而受教育，还是为服务社会而受教育？

"个人本位说"从人的本性、本能的需要出发，认为教育目的在于使人成为人，使人性得以发展，使人性得以完善；认为个人的价值高于社会的价值。古希腊一些哲学家认为，人是理性的动物，是理性的负荷者，教育的目的、理想和价值，就在于使人的本质规定和人的和谐发展得以实现。文艺复兴时期的人文主义者认为人是宇宙的中心，人是多种力量和才能的有生命的统一体，承认人本性的完美，强调人灵魂和躯体的和谐。因而，人文主义者的教育目的，在于使人的天赋能力得到和谐的发展。卢梭反对把培养公民作为教育的目标，主张不施加任何影响的"自然教育"，以顺应人的天性的发展。这种个人本位的教育目的学说，在不同的历史时期不尽相同。在资产阶级占统治地位的社会里，它反对社会对人的摧残，反对对人的思想的禁锢，反对蒙昧主义，反对封建主义强加于人的一切教育要求，提倡人的个性解放，尊重人的要求和人的价值，这些都有着历史进步意义。但是，这种主张认为人生下来就有健全的本领，教育可以不受社会的制约，这是不现实的。其所谓发展"个人本性"，实质上是发展人的自然本性，把人当作纯生物看待，这也是错误的，是违背"人的本质是一切社会关系的总和"这个基本原理的。

从19世纪下半叶开始，国外出现了一种"社会学派"，认为教育的一切活动都应服从和服务于社会需要，教育除了社会的目的以外并无其他目的。个人的一切发展都有赖于社会，教育的结果也只能以其社会的功能来加以衡量。因此，主张教育目的应当根据社会的要求来确定。个人本位说和社会本位说这两种关于教育目的的主张，在处理社会和个人的关系问题上各执一端，都是不正确的。只有将社会发展需要与个人发展需要正确地结合起来，才是唯一科学的观点。一方面，教育是发展人的一种特殊手段，教育目的所指向的就是作为个体的发展，离开了人自身的发展，教育就无从反映和促进社会的发展，教育本身也不会存在。但是，个人的生存、发展离不开社会，一个人只有与其他人相结合，成为社会中的一员，才能获得生存发展的手段和条件。个体的发展要以社会的发展为基础，要受到社会发展的制约，要服从社会发展的需要。教育的任务就在于促使人去适应他所处的那种社会关系、社会生活条件，获得其所能获得的那种发展，因而，教育目的不能不为社会所制约。另一方面，如果看不到每个人都是一个独立的实体，在制定和实施教育目的时完全无视个人的因素，也会使教育工作产生某种偏向。如果一味强调社会需要，而完全不考虑人发展自身的各种需要，如求知欲的满足、美的享受，以及身心健康的需要，等等，也可能培养出缺乏理智和情感、缺乏志趣和爱好、生活态度冷淡、精神世界贫乏的对象来。如果教育目的完全不关心人的个性的发展，教育就可能成为一种强加于人的精神因素。

第二章　现代教育过程

教育过程理论是教育学基础理论的重要内容之一。教育作为一种独特的社会活动，它的动态活动形式是一个发展人、改造人的过程。社会上任何一种培养人、发展人的因素，只有统整到教育过程中，才能对受教育者的发展发挥积极作用。换言之，所有的教育因素及其相互关系，所有的教育规律，所有的教育效果，无不通过教育过程体现出来。如果离开了教育过程，培养人的教育实践就成了一句空话。

第一节　教育过程的本质

一、教育过程的一般理论

（一）教育过程的概念

1. 过程的规定性

所谓过程，就是现实世界中的事物或活动产生、发展、变化的连续性在时间和空间上的表现。过程是世界的普遍属性。过程概念是对世界的这种普遍属性的反映。可以把过程分为宏观过程和微观过程，或总过程与具体过程。总过程包含具体过程，并通过具体过程表现出来；具体过程是总过程的一部分，无数具体过程汇集成总过程。

2. 教育过程的解说

确定教育过程的定义，除了要明确教育过程的内涵外，还要分析构成教育活动的基本要素。

一般来说，任何教育活动都由六个要素构成，即教育者、受教育者、教育内容、教育手段、教育途径、教育环境。所谓教育，简单地说，就是教育者根据一定的社会需要，在一定的教育环境中，借助一定的教育手段，通过一定的教育途径，有目的、有计划地把教育内容传授给受教育者的活动。教育由活动所引起并通过活动去完成。

教育活动的要素同样就是教育过程的要素，即教育者、教育对象、教育内容、教育手段、教育途径、教育环境。

从马克思的劳动过程基本原理来看，教育过程中的受教育者犹如劳动对象，是被加工的对象，他与物质生产过程中的自然物并无差异，都是将劳动者的劳动加于其上，以改变其原有状态，使其符合社会和劳动者的要求。然而，这一对象与其他自然物根本不同的是，他是一个独立的能动的生命体。这个独立的活动着的生命体有两个重要特点：一是他有自身的历史形成的身心发展规律，人们只能认识这一规律、利用这一规律，但不能以教育者的主观意志随心所欲地违背和改变这一规律；二是他一旦形成了一定的主观精神世界，他就会以其能动的力量对教育者的影响和指导产生极大的选择性和调节性，教育者的教育都须落到这个独立、能动的主体人的需要上才能生效。这远比物质生产过程中劳动者对钢铁、木材、粮食等无生命劳动对象的加工复杂得多。

教育过程中的教育者犹如劳动过程中的劳动者，都是能动的活动的主体，在过程中都是起决定作用的主导因素，他们都是按照一定社会需求进行有目的的活动。然而，教育者与劳动者亦有明显不同。在劳动中劳动者凭借自身智力和体力的总和作用于劳动对象。而教育者在教育中，除了要以智力和体力的总和作用于受教育者外，还有道德的、人格的、情感的、艺术的力量参与教育过程，影响受教育者。

教育内容类似物质生产中的设计方案、图纸、施工计划等，而教育内容并不仅仅是对教育活动结果的设计、对教育目标的确立，它是把科学体系和道德规范遵循受教育者年龄特征编排起来的需要掌握的文化科学知识系列。它是教育活动的实体，教育者传授的是它，受教育者接受的也是它。

教育手段和劳动手段一样，都是在人的实践活动中用以改变或影响加工对象的物质资料和物质条件。教育者把物质的、机械的、物理的和化学的属性，当作发挥力量的手段。不过，教育手段和劳动手段虽然性质相同，但使用任务和目的却是不同的。教育者对教育手段的利用，任务在于帮助学生明确抽象的原理，目的在于使学生更容易掌握教育内容、形成劳动技能，但不像劳动者那样去直接获得某种物质产品。

教育途径是指为完成教育任务、实现教育目的，师生共同开展活动的渠道。人类的教育，特别是学校教育是通过特定的途径进行的。教育途径也是教育活动过程的构成要素。教育途径的运用和选择都是从教育的根本目的出发，依据受教育者的身心特点和教育内容来确定的。学校的教育途径主要有教学、课外活动和社会实践等，其中，教学是学校教育的基本途径，课外活动和社会实践是教育的重要途径，三者有机结合才能更好地实现教育目的。

随着生产的发展，环境因素已成为生产过程的因素之一，环境的优劣直接影响着生产过程的运行。因此，教育环境也是教育过程的一个重要因素。任何教育过程都要在一定的环境中进行，受教育时空的规定。所以，教育环境、教育时空，同时还有教育途径，都是参与教育过程运行必不可少、各具独特作用的重要因素。

从教育活动诸要素的分析中，对教育过程可做出这样的定义：教育过程就是教育者根据一定的教育目标，通过一定的教育手段和途径，在特定的教育环境中，将一定的教育内容传授给受教育者，引导其身心健康发展，加速实现个体社会化的过程。

（二）教育过程的基本任务

1. 向学生传授系统的文化科学知识

实现人类文化科学知识的传递，是教育过程的主要任务之一。

知识是人们对客观事物规律性的反映，是人类在长期的社会实践中积累的认识成果。科学是经过实践检验，具有严密逻辑论证，反映客观事物本质和规律的理论体系。系统的文化科学知识就是具有一定内在联系、合乎逻辑规范、经过实践检验的稳定可靠的科学真理和理性经验，而不是概念或范畴的堆积。

知识既有不同的类别，也有不同的性质。

从其类别来看，有基础知识和专业知识、感性知识和理性知识、直接知识和间接知识等。从其性质上看，有自然科学知识和社会科学知识。教育过程所要传授的知识不仅包括各个类别的知识，也包括各种性质的知识。

应该指出，不应该把向学生传授知识狭隘片面地理解为只是传授数理化、写字和作文。其实知识的内涵极为丰富。教育过程中向学生传授的知识，除了人们通常以为的数学、语文等工具性知识外，当然也毫无例外地包括思想教育的知识、美学的知识、体育的知识以及劳动技能知识等。因此，不可以把知识的内涵局限在一个极为狭窄的范围内，而把有关德育、体育、美育及劳动技能方面的知识性内容排除在外。

当今世界处在一个科学技术飞速发展、人类知识总量激增的时代。在这个特定时代里，教育过程传授的知识应具有这样的特点与功能：

第一，在动态发展的历史进程中相对保持稳定不变。基础知识与基本理论是含有极强稳定性和极广适应性的内容，这些知识不会迅速落后。

第二，学生获得的知识应该达到对过去具有诊断性，对现实具有指导性，对未来具有预测性。实现传统与现实的统一、理论与应用的统一、过去与未来的统一。

2. 培养学生良好的品德修养

任何教育都是特定社会的教育，都要为特定社会培养所需要的人。人具有了知识只是具备了为社会服务的才能和本领，与此同时，还要具有良好的思想与态度，这样才是一个德才兼备的完整的人。

经由教育过程所要形成的良好品性包括三方面内容，即良好的政治、思想与道德品质。

思想品质是指使学生形成正确的世界观和人生观，培养他们勇于实践的精神、实事求是的态度和科学的思想方法。

道德品质是指使学生具有正确的道德认识、高尚的道德情感、顽强的道德意志、崇高的道德行为，以及自觉遵守纪律、坚持集体主义、热爱劳动和劳动人民、讲究社会公德等。

3. 训练学生的基本技能

技能是通过练习而形成的顺利完成某种活动任务所必需的行为活动方式和心智活动方式。技能就其类别来说主要有两种：

一是人们在头脑中借助内部言语表示的事物映象，以极简约的形式进行智力活动的方式，叫智力技能，如默读、构思、心算等。

二是由一系列外部直观可见的行为动作构成，通过机体运动所完成的随意行动方式，叫操作技能，如书写、绘画、劳动等。

在教育过程中，知识的传授与技能的培养是不可分的。因为使学生掌握知识的目的在于能使学生运用这些知识，而要运用知识就必须有相应的技能。

知识的传授与技能的培养的不可分性表现为知识是形成技能的必要前提，技能是掌握知识的必要条件。

技能的形成途径有三种：一是学习者借助书本知识通过自己的练习形成，二是在教师的讲解与示范动作表演下通过模仿形成，三是完全靠个人的尝试摸索形成。因此，如果有了书本知识，又有教师的指导帮助，就可大大加速技能形成的速度，提高技能形成的质量。同时，技能的形成也可加速知识的掌握。

4. 发展学生的智力和体力

智力是人的各种基本能力的综合，包括观察力、注意力、记忆力、想象力，其中，核心是人的抽象思维能力和创造性解决问题的能力。

智力与知识、技能都不相同。知识着重表现为认识成果，技能着重表现为动作方式，而智力则着重表现为运用知识于实际，从事某一活动的能力。由于三者的职能不同，对人的活动所起的作用不同，因此，对学生进行教育时就必须将发展智力作为一个独立的任务来完成。

体力的发展也是教育过程的基本任务之一。良好的身体机能是知识学习、技能形成的物质保证。教育过程要实现人的全面发展的目标，就不能忽视对学生进行提高机体素质和运动能力的教育、生理卫生常识和运动保健教育等。符合社会需要的人是德智体美劳和谐发展的人。任何一个方面的缺失所导致的人格欠缺都会使人在社会生活中失去平衡，不能满足社会的要求。因此，教育过程绝不能以某方面去代替别的方面，以学生某方面的发展去代替其他方面的发展。

总之，教育过程的任务决定于社会的人才规格需要，决定于受教育者身心发展的潜能。忽视这两方面中的任何一方面都会使任务落空。

（三）教育过程的现代化

现代化作为一种全方位的社会变革，不仅包括政治现代化、经济现代化、文化现代化、生活现代化，当然也包括科学技术现代化、思想意识现代化、国民文化教育现代化等。

在全方位的现代化改革大潮里，教育要培养出符合现代化社会需要的各类人才，就必须伴随整个社会的改革进程，重塑人类自身，以现代化的教育过程去实现社会赋予的神圣使命。

有人认为，人类面临的未来，将是"科学世纪""宇宙空间世纪""遗传工程世纪""计算机世纪"等。然而，在所有这些预测中，对未来 50 年最恰当的说法是"教育世纪"。这是因为，全部历史及当前的全部经验说明这样一个事实：一切社会发展的关键因素都产生于人的智慧。无论是宇宙空间的探索、遗传工程的开发，还是计算机的设计与应用，都必须以教育为基础；无论是果敢行为、首创精神、发明发现，还是建设性活动的构思，无不有赖于学校的教育过程才最终得以产生。因此，能否实现教育过程的现代化在很大程度上决定着社会现代化的实现进程。

教育过程的现代化包括多方面的内容：

第一，教育指导思想的现代化。人的一切行为都是意识指导下的行为。所以，要想实现教育过程的现代化，首要的是使广大教育者具有现代化的教育思想和教育观念，根除一系列陈腐落后的教育思想对教育实施过程的统治，必须以新的教育观、知识观、人才观、质量观、教学观去统率学校教育活动的进程。教育指导思想的变革是使教育过程走向现代化的关键一步。

第二，教育内容的现代化。教育内容现代化主要是指根据现代科学的迅猛发展和受教育者认识能力、知识基础的发展变化特点，删除陈旧过时、无益于学生发展的教育内容，选择人类认识的精华和当代科学技术发展的新成果去构成学生认识的对象。经千百年历史检验的人类成熟经验和认识精华是学生永远值得学习的内容，同时，再适当增加一些经严格选择的当代文化新发展的成果，从而构成更加完善的教育内容。抱残守缺、僵化不变，不能在动态发展的社会历史进程中对内容进行适当的调整，则必然有碍于学生的身心发展和社会人才培养目标的完满实现。

内容的现代化不仅指内容自身的现代化，而且也应包括教育内容理解与构成上的现代化。在传统观念里，人们只把内容理解为教科书里的各种知识和观念。今天，人们已将内容的构成推向教科书和教科书以外，即显性课程和潜在课程两个方面。这样，内容的现代化问题就不仅仅是知识的现代化构成问题，还包括各种潜在影响问题。

第三，教育手段的现代化。教育手段的现代化包括两个大的方面：

首先，是教育过程中应设法利用现代科学技术为教育提供的各种先进的仪器设备。先进的教育手段的采用，不仅可以提高教学效率、教学效果，唤起学生学习的积极性，加强对知识的理解和消化，而且也可增进学生的健康，开阔学生的视野，培养学生开拓进取的精神和减轻教师的劳动强度，可谓一举多得。

其次，是教育方法的现代化。方法的现代化主要是说教育者在教育内容的传授过程中，要以教育内容和学生的身心发展特点为依据，把传统的言传口授与现代化的教学方法，如演示、实验、参观等，有机地结合在一起，恰当地运用直观、启发、因材施教、高难度与循序渐进、高速度与巩固性等原则，选择有效的教学形式，完成既定的教育任务。好的方法、原则、形式的运用，有利于高质高效地完成教育任务，使学生在活泼愉快的教育中实现身心发展，同时避免时间的延长与负担的加重。教育者不但要善于运用合适的方法、原则与形式，而且要善于在教育实践中，创立新的方法、原则和形式。教育者要以现代社会的创新意识，捕捉教育实践中有价值的课题，经过亲身的实践运用，从中提炼出新的有效的教育方法、教育原则和适用于不同类型教育活动的形式。现代化的教育方法、原则与形式的运用过程也是思想的变革过程，而它们的创立过程则是一个尝试过程。

第四，教育环境的现代化。环境是教育过程进行的重要条件。它包括物质环境、文化环境、人际环境、自然环境等。环境的现代化，即以现代化的指导思想去建造学校周围的自然环境，构置与安排学校的物质环境，创建现代的文化环境，设法形成良好的人际环境，科学协调社会与家庭环境，等等。教育过程的进行，不能像以往那样，只顾课堂。教育生态学及校园文化理论认为，学生的成长不单在课堂里，课堂外、教师的知识传授范围外的许多环境因素都对学生的身心发展起着重大的作用。所以，现代化的教育过程必须重视教育环境的建构。

二、教育过程的主要特点

（一）对人施加影响的整体性

对人施加影响的整体性是指教育者在教育过程中是把受教育者作为完整的社会人施加影响的，而不像艺术过程等那样，只侧重于影响人的某一个方面。

教育过程中对人施加影响的整体性是由人的发展的完整性规律决定的。

宇宙是一个整体，人也是一个整体。人只有整体发展才能成为一名合格的社会成员。

人的身心发展本身具有客观整体统一性。人是德、智、体、美、劳等多种素质的综合体。人的发展不仅以多种素质为基础，而且也是在多种素质交织统一的运行中，最终走向全面发展的最高境界。

人的身心发展是一个过程。人的各种素质在人的发展过程中，既各有其相对独立的意义和作用，同时又不可分割地处在互为基础和前提、互相促进与提高的内在联系之中。只有各种素质统一发展，人才能成为完整的社会人。

各种素质的统一发展不仅是人的身心发展的客观规律，更是社会发展对个体发展提出的客观要求。特别是社会发展到今天，社会上的任何一个职业部门，任何一个工种，都要求人具备全面的素质。因此，社会对人的素质的全面影响和全面要求的机制更决定了教育的全面性。

另外，人的身心整体发展也是个体自身发展的需要。

社会发展带来了社会生活的复杂化和个体自身完善的需要。因此，多方面发展与个体的成长密不可分。个体要保持自己与社会生活要求的协调，要取得社会生活资格，把自己由一个自然人转化为一个能够适应一定社会环境、参与社会生活、履行一定社会责任、担当一定社会角色的社会人，就必须使自己的发展与社会要求相统一。只有按照社会需要完整地发展自己，个体才有可能更好地立足于社会。

教育过程作为专门为社会培养合格人才的特定过程，要圆满完成社会赋予的人才培养任务，就要根据人的身心整体发展的客观规律，对人施加全面的影响，通过教育者的全面施教去实现受教育者品格的全面完善。而不是像艺术过程那样，只着重于思想的教育与审美情趣的陶冶。教育过程诞生以后，之所以能独立于其他意识形态过程之外，其根本原因正在于它有着其他过程所不具有的全面培养人的独特功能。其他过程只是从不同的侧面对人施加影响，它们的作用远不及教育过程那样系统、全面，那样高效高质，那样始终朝向社会需要的统一目标。因此，教育过程对人的影响的全面完整性的这一特点是任何其他过程都无可比拟的。

（二）传递过程内化、转化、外化的统一性

内化、转化、外化的统一性，指教育过程作为一个信息传递过程，是把信息内化、转化与外化统一在一个过程里完成的。对受教育者来说，对现有信息的接受、理解和消化，然后再经过信念、情感、意志的转化，最后落实到理解、转化基础上的实际应用与问题解决，这是一个统一的教育过程。

教育过程的最终目标是促使个体完成社会化的转变，使受教育者的身心发展与社会需要相符合。促使个体社会化的过程，也就是将社会规范、社会需要、社会本质内化于受教育者的过程。在教育过程中，教师作为社会的代表，借助一定的教育手段，把国家规定的教育内容传授给受教育者，变成学生的知识技能、思想品德和智力能力。教育过程消融在受教育者的主体中，教育活动对象化了。教育过程以动态形式呈现出来，而教育结果则以静态形式存在于受教育者的主体内部，这就是教育的内化。

教育内化活动还只是全部教育过程的开端，已内化的信息还必须进入转化过程。已获得的信息不仅需要巩固，更需要向信念、情感、意志转变。思想品德教育成果需要内部转化，科学知识教育成果同样需要转化。因为无论是道德还是知识，都需要信念、情感和意志的支持，否则都不可能变成自觉的行动。

教育过程还有另一端，即已获得的信息经巩固转化以后，还必须能够外化出来，即能应用于实际去解决实际问题。知识、技能能否顺利外化，是检验内化、转化效果的根本标准。

信息的内化、转化和外化，统一于教育全过程。"三化"不能统一，便是教育过程的失败。其他的社会活动过程则不具备这一特点。如文学艺术等一般活动过程，它们只是对人发生影响，都不像教育那样要承担内化、转化和外化任务。信息传递内化、转化、外化的统一，是教育过程的重要特点之一。

（三）教育者与受教育者的共同参与性

要认识教育过程的特点，还必须研究教育活动的结构。事物的质是由结构决定的。教育活动过程与生产劳动过程以及一般的认识过程的结构不同，因而其特点和目的也不相同。

劳动过程的结构要素是劳动者、劳动对象、劳动资料。劳动过程就是劳动者通过自己有目的的活动，借助于劳动资料，作用于劳动对象，使之发生预定的变化，其结果是生产出适合人的需要的物质产品。在生产劳动过程中，一方是人，一方是物，它是人与物之间的联系和作用的过程。在这里，具有主体性质的只有劳动者一方，劳动对象是被加工、改造的纯粹的客体。

而教育过程结构则不同。它是由教育者、受教育者、教育内容、教育手段等组成的。教育过程就是教育者按照一定社会的要求，通过师生双方有目的、有计划、有组织的各种教育活动，把教育内容内化为受教育者的知识技能和思想品德，改变受教育者的原有状态，促进其身心发展走向社会化的过程。教育过程的结构表明，在教育过程中，一方是人，另一方也是人，它是人与人之间发生联系的过程，而不是生产过程的"人—物"过程或"人—机"系统。

教育过程也不同于人的一般认识过程。在一般的认识过程中，作为主体的人直接地、自觉地去认识客体、发现规律。在教育过程中受教育者的活动是学习，是学习认识世界和改造世界。作为教育对象的受教育者是缺乏经验和知识的，所以才需要具有丰富知识和经验的专门教育者来指导。教育过程中的教育者与受教育者之间的关系反映着知与不知、多知与少知的矛盾。教育过程要有专门教师进行组织和领导，这也是教育过程所具有的特殊性。

教育过程是教育者和受教育者的共同活动过程，是在教育者领导下，受教育者积极参与下进行的。

（四）知识再生产的主导性

物质生产过程的主导活动是通过人与自然物之间的作用，谋求符合人类需要的物质产品。钢铁工人冶炼矿石是为获得钢铁，煤矿工人进行地下开采是为得到煤炭，农民播种五谷是为生产粮食。

教育过程的主导活动是通过师生之间的双边活动实现人类科学知识的再生产，这是由教育过程的本质及其职能决定的。教育从其产生的那天起，特别是在学校教育诞生以后，它就承担起了人类文化科学知识传授的基本职能。教育过程中教师付出的种种努力和对教育方法、原则、形式的探究，最终目的都是加速知识再生产的进程。

教育过程的本质决定了教育过程的任务是通过科学知识的再生产而实现劳动力的再生产。在这个过程中，学生只有接受人类间接经验的任务，而没有生产新的科学理论、发现新的科学规律的任务。至于高等院校里由教授、专家们进行的各种科学研究，的确使得高校的教育活动不单单是知识的再生产。但由于此时科学研究拥有着自己相对独立的任务，成为一个独立的过程，因而也就与教育过程构成了两个不同的概念，不能将二者相提并论。高校里的教授、专家们在面向学生施教时，他们的主导活动是知识再生产，活动性质是教育活动。而一旦他们转向科研，他们的活动性质便不是教育活动而是科学研究了。为此，必须在理论上做出明确的区分。

由教育过程所进行的知识再生产是人类经验保存、继承与转移的最佳形式。各个时代、各个社会之所以都重视教育在人才培养中的独特作用，也正是因为教育拥有着这样一个其他任何社会活动过程都无可比拟的高效率进行知识再生产的突出作用。

（五）教育内容螺旋式上升的连续性

与科学知识的发展过程相比，教育内容呈现着螺旋递进、持续不断的特征。教育过程中的教育内容不同于科学知识、科研成果的汇集，它是以学科课程的形式进入教育过程的。课程内容是人类认识精华的汇聚，但绝不是它们简单的、机械的堆积。这是因为任何一门课程内容的编排都必须根据受教育者的心理发展顺序和认识规律去考虑知识在教材中的先后逻辑顺序。根据这样的规则，就整个教育内容的排列来看，要根据学生的年龄特征，体现出由易到难、由简到繁、由浅入深的螺旋式递进的指导思想，使其既能为各年龄阶段的学生所接受，同时，又能促进其心理的发展。就一本教材的知识排列来看，也要体现这一特征。

教育内容的螺旋式上升还体现在教育内容的必要的循环上。人的认识是逐渐加深的。科学知识的传递、思想品德的形成，也不是一次性完成的。根据教育对象的年龄特点和认识规律，教育内容的阶段性循环是必要的。但是必要的循环并不是简单重复，而是螺旋式上升，即在循环中逐渐加深，向更高层次发展。

所以，学校教育内容的安排与科学知识发展的自然过程及其排列方式根本不同。教育内容安排遵循的是学生接受知识的心理顺序、认知顺序和科学知识构成的逻辑顺序的有机结合。前面内容是后面内容的基础，后面内容是前面内容的逻辑展开和继续。科学知识发展遵循的是社会发展需要的顺序。科学研究中虽也要借助历史研究的成果，但并不完全依赖它们，主要依靠直觉思维，形成突破性的成果和认识。

教育内容的螺旋式上升表明了知识的逐级递进、难度渐增的总特点，而不是像科学研究成果产生那样带有很大的跳跃性；连续性则表明了教育内容的前后相继和各知识间的有机联系，而不像科学研究成果那样时断时续地出现。

（六）信息选择的精练性

教育过程对教育内容不仅强调其排列的顺序性，更注重内容选择的精练性。

精练，即选择人类经验中的精华，选择对学生发展最有价值的东西构成教育内容。

人类在 400 万年的漫长历史岁月里，在同自然搏斗和社会改造而获得生存的生产和生活历程中积累了无以计数的经验和知识。特别是 20 世纪以后，人类知识总量更以惊人速度猛增。人类的全部知识，一个人即使尽其毕生精力也难以学完，而学生在校学习时间却是固定的、有限的。要解决这个问题，唯一的解决措施就是精选信息。瓦根舍因的"范例教学"，强调内容的"基础性、基本性和范例性"；布鲁纳的教育过程思想强调内容构成中的"学科结构""知识结构"。这些思想追求的都是一个目标，就是如何从浩如烟海的人类知识经验中选择出那些最富稳定性和基础性，最具有能以不变而应万变、闻一知十、举一反三性质的东西去构成学生学习的内容。课程改革曾为此进行了长期的奋斗，将来还要继续奋斗下去。因为教育过程要追求高效率、高质量，就要求有精选的内容相配合，而不能以繁杂、无用的知识去充塞学生的头脑。

当然，艺术过程、科学过程等也都进行信息的精选，但相比而言，都远没有教育过程有这么高的要求、这么严的标准。千百年来，世界各国组织数以万计的专家专门进行教材的编写，目的就在于能通过专家的甄别，考虑社会对人才的多方面需要，从汗牛充栋的人类已有知识中选取精华，从而使得学生在教育过程中学到的每一个知识都对他们的未来有着极大的适应性。

信息选择的精练性，不仅表现在内容构成上的少而精，也表现在教育过程中教师对例证的引用、问题的解答、结论的归纳等方面。它不像艺术过程那样，再现生活的每一个细节。教育过程是通过高度浓缩的信息让学生认识自然和社会，以达到在短短的十几年里掌握人类千百年积累起来的全部知识财富的目标。

知识的庞杂巨大、无限增长和学制不能无限延长的客观实际，决定了教育过程必须进行信息精选的特点。

（七）传播方式的简洁性

传播是人与人之间的一种信息交流活动。实现这种交流可以借助多种方式和媒介，如网络、书籍报刊、电影电视、无线电广播、报告座谈等。网络是以文字、图片、视频、音频等多种载体的形式进行信息传播的，书籍报刊是以书面语言文字的形式进行信息传播的，电影电视是以声音和画面的形式进行信息传播的，无线电广播、报告座谈等则是以口头语言的方式进行信息传播的。这些传播方式各有特点。与这些传播方式相比，学校教育过程集中了各种传播方式之优点，克服了其不足，具有简洁性的特点。

传播方式的简洁性，首先表现为传播的直接性。教育过程中师生之间的信息交流主要是在特定的空间中，面对面直接进行的。教师不仅直接实现信息的发送，也直接进行与学生的对答。教师是信息的载体和源头，教师和学生之间的信息传递不需要通过任何中介、中转去完成。教育中虽有各种教育技术手段的运用，但亦离不开教师的言语说明。

传播方式的简洁性，还表现为传播的简便性。教师授课主要借助口头讲授，辅之以现代媒体，如网络、多媒体，以及传统媒体，如板书。良好的讲授当然需要一番精心的准备和设计。但若仅就传播方式来说，讲授无疑要省去大量的时间和物质花费。一本书的出版，即使以最快的速度也要几个月的时间，且要花费印刷过程所需的各种费用。讲授则不然，一个熟悉教材、富于经验的教师不需要花费几个月的时间去准备一节课。因此，授课对信息传播的简便性是网络的费时筛选整理、电影电视的复杂制作、书籍报刊的长周期发行所不能比的。

传播方式的简洁性还表现为传播效果的及时反馈。在教育过程中，教师传授的各种知识是否为学生所接受，传播的劳动是否产生了效果，可以从学生那里直接获得反馈信息，即教师对教育效果的了解是及时的。现在的网络教育等也强调直接反馈，但缺少师生间面对面交流的直接性、灵活性和相互启发性。由于教师可以获得及时反馈，因而也就能够迅速对讲授进行修正，选择新的方法，调换新的角度去进行及时的补救和改正。

传播方式的简洁性还表现为教育过程对信息的传播走的是人类认识客观世界的捷径，即从间接经验的传播开始，从人类认识精华的传播开始，这样就省去了人类在获得这些认识时所走过的漫长而曲折的道路，使学生的认识直接逼向人类总体认识的发展水平，而不是事事从直接经验开始。由于这种传播方式带领学生走的是人类认识客观世界，获得改造世界的知识和能力的捷径，才能使学生在短暂的时间内完成认识世界和准备改造世界的任务。

总之，教育过程既是一种社会活动过程，也是一种认识过程，因而教育过程离不开一般社会活动过程和认识过程的共同规律的制约。但是，教育过程又是一种特殊的认识过程，有其特殊活动规律。教育过程的性质和任务的不同，就决定了这一过程具有其特点。因此，我们只有正确认识这些特点，才能更好地掌握教育过程的客观规律。

第二节　教育过程的基本结构

一、教育过程的整体结构

（一）教育目标整体

现代学校教育目标是由多种内容和多种层次构成的整体。

在目标内容上，有德、智、体、美、劳的全面发展。有合格公民、建设者、接班人的培养，有知识技能的获得，思想品质的提高，智力体力的发展，等等。

在目标层次上，有国家的宏观方针、目的，有各级各类学校的具体目标，有每门课的教学目标。但不论各层次的具体要求如何不同，蕴含其中的内容与社会总的教育目标都应是一致的。

在目标实现上，教师应以整体的思想方法去统率教育行为，使任何一项具体的教育活动都具有实现整体目标的功能。功能重心可以因活动内容不同而有所突出或侧重，但不能互相代替和抹杀。

（二）教育内容整体

学校教育目标要通过教育内容整体才能转化为受教育者的整体素质。国家课程计划规定的各类学科是内容整体的集中体现。这些学科是经课程专家精心构想和研究以及历史反复检验，充分考虑了社会需要和个体需要确定下来的。在这些学科中融汇着个体在未来社会生产和社会生活中需要的各种知识、思想、情感、态度、信念、能力、行为、技能、意志、品质等。这些内容反映在基础与专业、学科与活动、必修与选修、显性与隐性等各类课程中。

贯彻国家教育方针，实现学生身心全面发展，学校须树立整体教育观，不能人为地突出某科、削弱某科，要正确认识各学科的作用，摆正各学科的地位。教育内容改革要有系统思想，要把某一门或某一类课程的改革放到课程的整体结构中权衡考虑，放到学生的整体素质发展需要中去决定取舍。

（三）教育方法整体

学校教育内容的传授要借助各种具体的教育方法和手段。这些方法和手段主要包括三种：

语言的方法——讲授（讲解、讲读、讲述、讲演）、谈话、讨论、说服等。

直观的方法——演示、参观、榜样示范等。

实践的方法——练习、实验、实习、作业、实践活动等。

教育任务、教育内容、教育要求和学生身心发展特点的不同决定了教育方法的不同。任何一种方法都有自身独有的功能，都不能适用于一切教育活动和教育内容。因此，教师在教育活动中应改变一种方法包打天下的僵化做法，要善于根据具体的教育情境综合运用多种教育方法。

（四）教育途径整体

1. 课堂教学活动

这是教育因素容量最大、功能最全、所占时间最多、最可控和最有效的教育途径。由此人们将其称为"学校贯彻教育方针，实现教育目的的基本途径"，强调学校工作要以教学为主，以教学作为学生获取知识的主要途径。在基本途径之下又可分为辅助途径和特殊途径。属于辅助途径的有现场教学、分组教学、个别指导，属于特殊途径的有复式教学等。

2. 课外活动

这是在国家课程计划之外由学生自愿参加的有计划、有组织的教育活动的总称。广义的课外活动包括正式课程以外的校内外各种教育活动，狭义的仅指校内的课外活动。课外活动包括的内容相当广泛，如艺术和文娱体育活动、科学技术活动、公益劳动和其他社会活动等。课外活动又可继续分为群众活动、小组活动、个人活动等途径。

3. 劳动活动

劳动活动是学生运用知识技能，形成思想品德，锻炼意志品质，培养生活能力和正确的劳动态度、劳动观点、劳动习惯的重要渠道。它对形成学生的健全人格是非常必要的。

4. 社会活动

组织学生走出校门，在校外的一定场所进行的了解社会、服务社会的教育活动称为社会活动。社会活动可使学生直接接触社会实际，亲身参加社会实践，从具体生动的事实和实践中提高认识、陶冶情感、培养良好的思想品德和灵活运用知识的能力。社会活动的具体途径有参观、访问、调查、考察、咨询、宣传等。

5. 学生群体组织的活动

学校中的学生群体组织主要有少先队、共青团、学生会以及各种科技、文艺、体育社团等。学生群体是学生自己的社会，是他们走出家庭、步入社会之后遇到的第一个政治组织和群众组织。这些群体组织的活动，对形成学生正确的政治倾向和信仰、产生积极的人生追求和理想、发展业余兴趣和爱好等都有着积极的意义。

6. 校会、班会、晨会、周会、班主任工作等亦是学校教育不可缺少的途径

这些途径各有自己的功能，在完成学校教育任务、实现育人使命方面发挥着重要的作用。细细考究，学校教育途径的确是众多的。这些途径之间既有区别又有联系。学校只有把全部教育途径结成一个有机的科学的网络，实行功能互补，发挥整体合力，才能有助于全面提高教育质量，顺利完成教育任务。

（五）教师和学生整体

教师和学生是学校教育活动的主要成分，他们虽各有不同的任务和活动，但却有着共同的活动空间、活动内容、活动形式，特别是活动目标。教师和学生在教育过程中既互为主体又互为客体。从群体的划分看，他们各自属于不同的群体。但教和学的目标却把两者

紧紧地联系在了一起。众多的经验证明，只有教师和学生具备共同的愿望和需要，具有共同的完成任务的积极性和主动性，具有情感上的共鸣时，才会有良好的教育效果和教育质量。反之，两者不能合为整体，各自为战、各行其是，彼此没有配合和融洽的联系，则必然产生内耗，影响质量。就教师和学生作为教育过程中的整体来说，其中，也包括教师和教师、学生和学生之间的整体结构。

（六）学校、家庭、社会影响的整体

学生是在家庭教育、社会教育、学校教育三种基本教育形态的综合影响下成长的。学校教育主导作用充分发挥的一个重要前提就是必须协调好与家庭和社会的关系，得到家庭和社会的积极配合。三者协调配合可强化学校教育的主导作用，否则就会削弱甚至抵消学校教育的效果，使学校的种种努力成为一种无效劳动，故不可小视家庭教育和社会教育的负向功能对学校教育的干扰和冲击。在具体实践中，应通过家长学校、社区教育等有效的方法，系统构建以学校教育为主体的学校、家庭、社会三结合的立体教育网络，以积极向上的教育影响占领学生的整个时空，形成三方教育的整体合力，共同作用于受教育者。

（七）年级和学校的衔接整体

学校教育整体不仅表现为教育活动的横向联系，也表现为上下年级和不同阶段学校之间的纵向衔接关系。学生发展和教育活动的连贯系统性，要求学校教育把上下年级和不同阶段学校之间的教育衔接起来，成为一个相互吻合的整体。不同阶段学校教育之间衔接的作用是使学生顺利完成学习方法的过渡和学习阶段的转折，避免内容的重复、心理的不适应、学习方法的不习惯等种种现象的产生，使学习焦虑尽快消除，让学生愉快地迎接新的学习环境和学习任务。

综上所述，教育过程的整体是由多方面的整体构成的。在每一方面的整体中包含着若干更为具体的整体。因此，整体是由多个层次、多个方面组成的，整体不是单一的整体，而是系统的整体。各个整体之间既相对独立，又密切联系。完成学生身心的全面发展，需要我们树立起整体教育的观念。实行学校整体教育改革，要求改革者具有系统的思想。

二、教育过程的基本阶段

（一）基础准备阶段

基础准备阶段指教育过程运行前所进行的各种预备。准备是过程进行的前提和基础。有充分的事前准备才能保证过程展开后顺利运行。

1. 目标准备

目标准备即师生在他们行动之前必须首先决定他们的行动方向和行动结果，从而避免行动的盲目性，增加活动的科学性。目标准备包括师生对教育总目标和每次教育过程具体目标的认识和理解。

2. 内容准备

内容是课程计划、课程标准和教科书的总体。对教师来说，充分的内容准备就是在了解教育计划，通读课程标准的基础上，经过对教科书内容的仔细研读、反复思考，达到融会贯通之后，对内容进行再创。高质量的内容准备，甚至可使教师在他们的头脑中再造一个内容的原形和内容产生的情境。教师对内容准备的具体工作包括内容重组、内容的补充和内容的设计，最后将其物化成活动方案或教案，方告一段落。对学生来说，内容准备主要是课前预习和活动前对内容意义的理解。

3. 环境准备

环境是保证目标实现、内容实现的重要条件。环境是多层次、多类别的。从类别来看，如家庭环境、学校环境、社会环境；从层次来看，如自然环境、人际环境、文化环境等。不同的环境对学生的成长有不同的影响作用。对教育过程的顺利进行来说，环境准备就是在宏观上协调好家庭、社会、学校的影响，使之统一地促进学生健康成长；在微观上，围绕学生的全面发展目标，造就良好的教育空间和教育氛围，使学生能在一个健康向上的环境中受到良好的熏陶。

4. 物质准备

教育过程的进行需要各种必要的物质保障。大者从房舍、桌椅到各种电化手段，小者从粉笔、实验药品到各种挂图、教具等。物质保障是师生活动顺利进行的先决条件，是制约教育质量的主要因素。为此，在过程开展前应设法购置齐全、准备妥当，以满足活动的需要。

5. 动机准备

动机是一切学习的原动力，一切成功的学习都伴有强烈的动机。教育过程要使学生以积极的态度完成各种活动，也必须设法唤起学生的学习动机，使之产生学习的需要和内驱力，使学习成为他们最有乐趣的活动。引起动机的方法很多，且因学科不同而有差异，如引人入胜的典故，直接面对的困难，新奇问题的探究，教具的恰当运用，问题的巧妙导入，生动形象的实例，知识的意义与价值，社会、生产、科技发展的需要，实际生活的需要，学习目标的获悉，竞争性学习方式，合适的作业要求和标准，获得成功的满足，奖励与谴责，等等，这些都是唤起动机的方法。至于教师以何种方法、何种艺术去唤起学生的学习动机，的确找不到一个金科玉律式的模式，完全要靠教师根据所教学科内容特点和学生实际，运用教育机制和经验去发挥各自的创造性。

具有强烈动机的教育过程是充满活力、富于"生命"的过程。它不仅可以保证教育过程的顺利展开和各阶段任务的圆满完成，还可以使教育过程的结果超出预定的目标。

（二）信息传递阶段

激发学习动机后，实施的是知识的传授，用信息论的术语来说，即信息传递。教育过程是个典型的信息运动过程。它是在教师的引导下，在特定的认知环境中，实现信息传递、内化、存储、转化、应用的过程。

传递与输出不同。输出是单方面的活动，它强调的是效能，不管有没有接收，它都以同等的效率进行工作。而传递则隐含着输出和接收两个方面及其活动。信息传递是教师的信息输出与学生的信息接收两个方面活动同时进行的过程。在这个过程中，教师不仅要考虑怎样进行信息的传输，而且要识别把信息传递给谁，弄清传递的对象。传递对象作为这个过程的参与者，其作用是积极的期待和与教师的默契配合，轻松愉快地完成信息的转移。

对学生来说，保证良好的信息传递的关键是积极唤起已有的经验，集中注意和思考，跟随教师的思路一道前进。"跟随"不是被动爬行，而是使自己的思维与教师的思维同步，不仅知悉"是什么"，头脑中还应经常闪现"为什么"。师生之间不能保持同步思维就不能实现信息的传递。

师生间的信息传递须借助一系列传递方法和渠道。

从传递方法来看，如言语讲解、行为示范、直观演示、实地参观、自我练习、情境陶冶、实际感知、师生交谈以及各种现代化教育手段的运用，如网络、电视、录像、录音、电影等。不同的信息须要采用不同的方法实现传递。每一种传递方法都是一个相对独立完整的知识体系，具有一系列的具体运用技巧。没有深入钻研，浮于皮毛，就根本不能把握其真谛。所以每一位教师，若想使自己的信息传递确能成为理智与情感融合后的信息输出过程，就必须对教育方法有殚精竭虑的深刻思考和选择。这样才能使信息传递过程成为师生联结的顺利通道，而非只有输出没有接收，或输而不出、接而不收。

从传递渠道来看，各有共同的传输途径，主要是教学、生产劳动、社会实践、各种课外活动等。在这里不论是教学还是劳动、实践活动，都有一系列应予遵循的原则和基本要求。这些原则看似大同小异、枯燥乏味，实质却是传递规律的具体概括。教师要顺利实现信息的转移，就必须在各自的教育活动领域内，结合各自的活动内容和学生对这些内容接受的特点，钻研摸索出适合于自己特点和教育对象特点的最佳途径。优秀教师之所以能取得理想的教育效果，能在各种内容里顺利实现信息的传递，其原因之一是他们不落陈规，常以自己独特的构想去选择最能有效完成任务的方法和途径。

总之，方法和途径是进行信息传递时必须考虑的条件，也是教育者完成信息传递必须借助的工具和手段。方法和途径无论哪一个方面都是一门独立的学科，其内容之丰富绝不是几节教育学课程内容所能容纳得了的。

（三）信息内化阶段

信息内化是通过理解，把刚刚得来的信息纳入相应的知识结构，成为精神宝库中的新成分。

人出生后来到社会，有了交往后就开始建立自己的知识背景和认知方式。知识背景和认知方式的巧妙结合成为一个人特有的认知结构。认知结构是由众多知识存储单元构成的体系。对这样的结构体系，德国教育家赫尔巴特称其为"统觉团"，马克思主义认识论称其为"已有经验"，心理学则称之为"图式"。每一个社会个体，在后天成长中，在社会和教育多方面因素作用下，都会形成一定的认知结构，按皮亚杰的学说即形成一定的"图式"。当外部信息传入头脑，并与已有图式发生作用时，便要经过心理机能结构——图式的过滤或改变。外来信息如与已有结构同质，并被理解，便顺利"同化"，进入已有网络体系，发展成新的图式。若是进入的信息为异质，或不被理解，则新的信息便被已有图式拒入网络，而成为游离状态。这时只有经过加工，改变原有图式，使新质信息进入已有网络，发生网络重组，即通过"顺应"作用，从而形成"图式"的质变，这样才能使新的信息完成内化。例如，有些知识虽经过学习，但过后常被遗忘，原因就在于这些知识虽然与已有知识同质，但由于缺乏真正理解，因而未能进入已有知识结构，处于游离状态。所以，虽在考试时勉强记忆，过后便遗忘。又如，当一个人接受的新的世界观与他原有世界观矛盾时，如果他没能打破旧的世界观体系，原有世界观体系没有发生改组，新的世界观便处于游离状态。这种人虽然在口头上也能对新世界观谈得头头是道，但实际上新世界观对其行动并不起指导作用。这些都是信息内化的失败。所以，信息内化，必须深入了解教育对象的原有状态，做好"同化"和"顺应"，用教育的观点来说即重视"接受"和"改造"环节。

"同化"和"顺应"，"接受"和"改造"，关键又都在于理解，在于理解的程度、方式和态度。

积极的态度有助于思维的调动，因而有助于提高理解的速度。而理解的效果则取决于教师所引导的思维路线是否科学，是否符合人们一般的推理逻辑和比较、分析、综合、概括等具体的思维形式。教师能否最广泛地利用学生已有知识背景所提供的理解基础和经验，最终决定着理解的质量。教师的传授越是富于艺术、富于科学，学生理解的程度也就越高，内化的内容也就越多。反之，教师自身尚未理解，或理解不透，以其昏昏，想使学生昭昭，信息的内化也就无从谈起了，这样就必然大大降低学生内化的效率和质量。

因此，内化绝不是简单的、机械的信息接纳。要真正达到内化的水平，使信息变成学生知识财富和思想品质的组成部分，就必须深入理解。

（四）存储转化阶段

经信息内化将得来的知识纳入相应的知识结构以后，便进入了存储转化的阶段。存储转化是"酿造"的过程，是把得来的知识进行巩固和转变成解决问题的能力、思想品德，以及相应的审美能力和操作技术的过程。

转化的过程是复杂的。它既需要已有知识经验做基础，又要求转化主体具有良好的思维方式。已有的知识经验如同种子的胚芽，有了它，在外界条件的催化作用下，知识的"种子"才可能生长成"一株有用的树"。尤其像思想品德的形成、转化的过程要经历一系列思想内部的矛盾斗争，出现正确与错误、先进与落后、真善美与假恶丑之间的交锋，才可能最终把得来的品德理论转化成自我的思想品德与行为习惯。

存储转化，从总体上说是主体内部的运动过程。这一阶段首先是对已内化的信息的巩固，使知识牢固地保持在记忆里，这样才能保证随时提取应用。

信息的巩固是以理解为基础的，只有被真正理解了的信息，才能得到巩固存储。所以，教育过程必须重视理解。

在信息内化过程中除了注意理解外，为了巩固信息，还必须进行一些专门的巩固工作，这就是必要的复习和练习。对已有信息采用各种方式使其重现，会促进记忆痕迹的强化，达到巩固的目的。一些优秀教师采用"精讲多练"的方式以提高教育质量，就是这个道理。

已获得的信息仅仅达到巩固和存储的目的还不够，还必须实现信息的转化。

转化既表现为知识向能力的转化、技能向应用的转化，也表现为思想向行为的转化。一个教育工作者仅注意对所授信息的巩固，而忽视转化，就不会使教育获得真正成功。

信息的转化尤为重要的是知识向信念、情感和意志的转化。没有信念、情感、意志支持的知识，仍不过是一种外在的知识。外在的知识是没有自觉行动力的。知识只有在巩固基础上完成转化，变为信念和信仰，并同情感和意志融合，才真正化为人的内在品质。无论是自然科学知识还是社会科学知识，同样都有这种转化过程。文艺复兴时期的意大利哲学家布鲁诺，临上火刑场，仍坚信"日心说"不变。许多无产阶级革命先烈，直到牺牲生命，共产主义的理想不动摇。之所以如此，就是因为他们的知识已转化为信念，并有积极的情感和坚定的意志在起作用。所以，教育过程不仅要注意知识的传授和巩固，更要关心知识的转化。在传授和巩固知识的同时，更要把信息转化为受教育者的科学信仰和信念，并同他们的情感、意志相融合，这是教育过程的重要任务，也是保证教育成功的关键环节。

转化的实质，就是要把外来的信息变成人的内在品质。不能完成转化的教育不是成功的教育。

（五）信息外化阶段

1. 强化理解

人对信息的接收有两种水平：有意识与无意识。当人们面临着急欲完成的任务，有明确的获取信息的意识时，对信息的感知就会更清楚、更明确。因此，前摄抑制控制着信息的接收，后摄抑制可以使学生对被应用信息存留更深刻的印象。客观地说，应用和理解实质上是不可分的。应用的过程时时伴随着思考，因而也就时时伴随着理解、强化着理解。反之，没有应用，有些信息在接收之后，可能会稍纵即逝。同时，应用的过程也是学生对信息进行分类、整理、归纳、编序的过程，使广泛得来的信息条理化、系统化，有助于实现新信息的再次内化。

2. 应用检验

外化应用的过程也是检验的过程。学生能否实现信息的外化，首先就检验了学生对知识的掌握与否，以及掌握的熟练程度如何。如果学生在外化应用中能顺利地完成教师给定的应用任务，就说明学生已经掌握了教师传授的内容，教学可继续前进。反之，若学生外化困难，应用中错误百出，乃至根本不能外化，就说明学生对教师的讲授根本没有理解，或教师的讲授存在问题，从而为教师和学生提供反馈信息，提醒他们进行自我检查，分析问题产生原因。

信息外化的方式是多种多样的，口答、练习、讨论、实际操作、测验、实验和实践等都是外化的适当方式。

高水平的外化表现在学生不仅能够出色地完成教师给定的任务，而且能够实现知识的迁移，闻一知十、举一反三。

（六）综合调控阶段

综合调控就是通过对教育过程实施结果的考评与分析，对既定设计和实施安排进行调整和控制。

科学的教育过程是一种周密的设计。这种设计虽从主观上力图科学周密，然而毕竟具有很大的假设成分。在教育实施过程中，要想知道这些假设究竟是否符合实际，是否导致过程产生了预期的效果，促进了学生身心的变化，就必须做一番周延的检核。只有通过考评，才可使我们知晓预定设计的优劣程度如何，过程各要素间关系处理的结果怎样，原因何在，须对设计做出哪些修正，等等。所以考评可以协助我们检核预定教育方案所依据的基本假设的效度，提供调整教育过程设计的反馈资料和依据，以使再度实施的过程更加理想和科学。

结果考评是运用心理测量和教育测量相结合的方法和技术，对教育过程实施结果进行的测验和评定。为实现这种考评，必须借助一系列具体的施测方法，如客观测验、实践检验等。经过效果考评而对过程所进行的综合调控是多方面的，概括起来主要有下列三方面：

一是对整个过程的调控。这种调控是指站在整个过程优化的高度，对整个过程运行状态、操作效果进行检验和评定，以获悉整个过程的综合效能状况、问题所在及其原因。

二是对局部阶段的调控。它是指对过程中某一个局部阶段实施状况和效果进行检验，以提供局部调整的依据。如对基础准备阶段进行检验，就是看教师对教育活动有无充分的物质准备、精神准备、内容准备等，如果准备不充分或某方面缺乏准备，就可对此进行及时的局部调整，以保证整个过程的效果。

三是对教育过程各构成要素的调控，如对教育者、受教育者、教育内容、教育手段、教育环境、教育途径的调控。对教育过程各构成要素的调控要坚持综合调控，即不是对各构成要素做单方面的分析和调整，而是要全面分析各要素在教育过程运行中各自作用发挥的状况，综合考虑各要素之间的联系和制约条件，从而对薄弱环节进行调整，以获得过程运行的整体效能。

必须指出的是，把一个连续的教育过程划分成上述几个阶段，这完全是出于理论研究的需要，是一种理论上的划分。而在实践中，各个阶段之间总是相互交叉、彼此渗透的，没有纯而又纯、截然分明的某一个阶段。

第三节　教育过程的基本原则

一、教育过程原则概述

（一）教育过程原则的意义

教育过程原则是根据教育目的和学生身心发展规律确定的教育者在进行教育活动过程

中应遵循的一般指导原理和基本要求。

教育过程原则是教育学基本理论的重要组成部分。它主要阐明在教育活动中教师应怎样依据客观的教育规律进行教育活动，从而提高教育效果，高质量地完成教育任务。

教育过程原则不仅反映教师教的规律，阐明教的基本要求，也反映学生学的规律，含有学的要求。因此，教育过程原则是指导教师教的活动和学生学的活动的共同原理。

教育过程原则与教育过程规律、具体的教育经验以及各局部领域的原则既有联系又有区别。

教育过程原则是教育过程客观规律的反映，但不是规律本身。规律是隐蔽的、客观的。人们只能发现、利用它，但不能创造它。教育原则就是人们在认识教育过程规律的基础上，依据这些规律提出来的、进行教育活动的基本准则，是教育过程规律在师生教育活动要求上的具体化。教育原则源于教育过程规律。但由于人们对规律的认识层次不同、教育思想不同，由此便提出了不同的教育原则。这一点正反映了原则表述的主观性。

教育过程原则是教育实践经验和教训的反映，但不是经验和教训本身。经验是具体的，原则不同，由于原则是从一系列具体经验中提炼概括出来的一般原理，因而它便对各式教育活动具有普遍的指导意义。

教育过程原则又不同于教育中各类具体工作的原则，如教学原则、德育原则等。教育过程原则是在吸取这些具体原则所揭示的共有规律的基础上，从学校教育的一般要求出发，抛弃学校教育的各类具体形式，最终凝练而成的、进行教育活动须遵循的最一般原理。这样，教育过程原则便比那些具体的原则具有更强的宏观性和广泛的指导作用。

由于教育过程原则来自教育规律和教育实践经验。在每一个原则中都凝结着千百万人遵循人的认识规律的成功经验，因此，它本身既是理论的概括，同时，又自然地可回到教育实践当中并指导教育实践。与其说教育过程原则研究具有一定的理论意义，倒不如说这种研究更具有实践指导意义。教育过程原则与实践的距离更加接近。对具体教育过程原则的研究、学习和掌握，有助于教育实践工作者避免工作中的失误，从而增强教育工作的科学性，提高教育工作的效率和效果。

（二）教育过程原则体系

教育过程原则体系是指若干个相互联系的教育过程原则的组合。教育过程原则体系的构成和发展，受两种客观条件的制约。

其一，是受一定时代、一定社会教育制度、教育思想和教育目的的制约。不同时代的学校教育发展和教育组织形态的变化，以及不同阶级的教育目标和要求，都对教育过程原则的体系结构发生直接的影响，使教育过程原则体系带有一定的时代性和阶级性。决意把学生培养成驯服工具的剥削阶级教育，不会把调动学生学习的主动性和发展学生的个性作为教育过程原则；以活动和直接经验为核心的实用主义教育也不会在教育过程原则中规定教育内容传授的系统性和连贯性，而只能是自我标榜"儿童中心"的"做中学"。

其二，是受教育过程规律、学生的年龄特征及认识特点所制约。这样教育过程原则又具有一定的历史继承性和客观科学性。因为教育过程原则反映的是客观规律，所以，科学的原则又可以为各个时代、各个国家、各个阶级的教育实践所利用。一个反映了人类接受间接经验、掌握书本知识规律的原则，具有摆脱地域和社会性质限制的巨大功能，具有普遍共同的实践指导作用。

（三）教育过程原则的来源

总体来看，教育过程原则来源于教育过程中教师科学进行教育活动和学生顺利进行学习活动的规律，来源于教师教的知识输出规律和学生个体的认识规律。教育过程原则来源于对教育实践中若干成功经验和失败教训的概括总结、抽象提炼。教育过程原则来源于对古代教育经验的批判继承，来源于古代教育家丰富的教育思想和他们自身的教育实践经验总结。教育过程原则也来源于对外国教育家所概括的教育原则的吸取和借鉴，来源于他们对教育原则研究的积极成果。

总之，今日的教育过程原则研究是站在前人认识的阶梯上，在融汇古今中外各方面成果的基础上进行的。它是教育过程原则研究历史的继承和发展，是未来教育过程原则研究的前提和基础。

二、教育过程的具体原则

（一）教育的科学性和思想性统一的原则

科学性和思想性统一的原则是指教育者在教育过程中要以准确无误的科学知识武装学生，同时，有目的、有计划地对学生进行思想品德教育，使学生的智与德同步增长。教育的科学性是指教育内容要正确反映客观世界和它的运动规律，教育给予学生的是科学知识。教育的思想性是指教育要坚持正确的思想政治方向，培养学生科学的世界观。

教育中坚持科学性与思想性统一的原则是培养德、智、体、美、劳全面发展的社会主义建设者和接班人的要求，体现了社会主义的教育目的和党的教育方针。

教育中坚持科学性与思想性的统一，也是由知识体系与方法论之间的内在联系决定的。任何知识体系都是建立在一定方法论基础上的。从事教育活动的教育者，必然要按照一定的世界观教育学生，这在各个社会、各个阶级都是如此。单纯的知识教育是不存在的。

贯彻科学性和思想性相统一的原则，其基本要求如下：

1. 要确保教育的科学性

教育的思想性在很大程度上取决于教育的科学性。教育的科学性，不能离开思想性。没有科学性就谈不上思想性，而缺乏思想性也不能真正体现科学性。因此，教师在教育活动中必须进行认真的准备，深刻领会和掌握教育内容中的概念、原理、结论、定义、公式等，做到精确地表述科学概念，严密地论证基本原理，恰当地引用辅助材料，严格细致地演示实验内容，这样，才有利于学生学到科学的知识、形成科学的世界观。

2. 注意发掘教材本身的思想性

善于根据各门学科的具体特点进行思想教育。思想教育要与内容实现有机的结合，防止片面强调思想性，忽视文化知识传授，把思想教育庸俗化的倾向。

3. 加强教育者自身的思想修养，不断提高专业水平

在任何学校里，最重要的是课程的思想政治方向。这个方向由什么来决定呢？完全而且只能由教学人员来决定。教师自身有良好的品性修养和较高的业务水平，才能真正把科学性与思想性融合在一起，贯彻到每一个教育活动当中。

教育中的科学性与思想性是有机的统一，而牵强附会的生硬联系，既破坏科学性，也有损于思想性。

（二）教育者主导性与受教育者主动性一致的原则

教育者主导性与受教育者主动性一致的原则是指在教育过程中，教育者既要充分发挥主导作用，又要善于调动学生学习的主动性和积极性，使教育过程成为师生双方密切配合、协调共进的过程。

教育者主导性与受教育者主动性一致的原则是由教育过程的双边活动规律决定的。教育活动的完成离不开师生双方的共同努力。没有教师在知识传授方面的主导作用，就会影响学生接受知识的质量和效率；没有学生积极主动的配合，教师的主导性也就得不到发挥。因此，从教育过程任务的完成来看，必须把二者统一在一起。

教育者的主导性和受教育者主动性一致的原则，也是由师生各自的地位特点决定的。在教育过程中，学生作为学习的主体，渴望教师能够发挥主导作用；教师作为施教的主体，也希望学生能积极配合，产生一股合力，共同完成教育任务。

贯彻主导性与主动性一致原则的要求如下：

1. 教师要加强专业训练和专业修养，能够充分发挥施教主体的主导作用

教师受过专业训练，传道、授业、解惑的职业特点决定了他应该根据社会的需要和学

生渴望学习的动机，以高质高效的教育工作去满足社会的要求和学生的希望，不负重托，有能力、有水平、有方法、有热情地去组织实施每一个教育活动，使每一个学生都得到应有的发展。

2. 善于激发学生的求知欲和学习兴趣

教育是一种双边活动，学生是学习活动的主体，学生发展是活动的目的。教师积极主动的施教，只有通过学生积极主动的学习才能收到良好的效果。为此，教师应从学生的实际出发，通过培养学生正确的学习态度和采用各种有效的方法，去唤起学生学习的动机、兴趣和需求，使他们能自觉地把教师的要求变成自己的要求，把教师的希望变成自己的渴望。师生之间形成情感上的共鸣和思想上的共识，在忘我的境界中，愉快地开展教育活动。

3. 要树立正确的学生观，相信学生有能力完成活动任务

教师不应以盛气凌人的姿态，高居于学生之上，把学生看成愚昧无知的施教对象。恰恰相反，教师应把他们当成具有独立人格的个体。师生间应平等相处、以诚相待，有这种心灵感应和情绪上的感受，学生才可能乐于接受教师的要求。否则他们将以逆反的心理去审视教师的一切言行，使调动学生主动性、发挥学生创造力成为一句空谈。

（三）教育的全面性与综合性原则

教育的全面性与综合性原则是指教育者在教育过程中，要通过对学生施行全面的教育去获得学生的综合性发展。全面就不是片面，就不是只着重于单方面的目标，而是以德、智、体、美、劳等多方面的教育去作用于受教育者。综合就不是单一，而是多种素质的全面发展。

教育的全面性和综合性原则是由社会主义教育目的决定的。社会主义教育要求培养德、智、体、美、劳全面发展的人才。要实现这一目标，就要求教育者以全面的教育内容去施教。

教育的全面性和综合性原则也是由社会发展需要决定的。任何社会都需要德才兼备的人去服务于社会的政治经济。片面的、单一发展的人，不仅不能进行正常的、完满的生活，更不能适应社会生产需要。现代生产不仅要求人具有劳动技能，还要求人有责任感、创造精神、开拓能力等。

（四）知行统一与情意结合的原则

知行统一与情意结合的原则是指教育者在教育过程中，既要重视对学生进行系统的知

识传授、技能培养与行为训练，并使三者结合在一起，做到学懂会用、知行统一，又要充分重视情感和意志在实现知行转化中的作用。

坚持知行统一与情感、意志的结合是社会主义教育的一个基本原则。社会主义的教育目标，不仅要求学生掌握系统的科学理论和道德思想，还要使学生具有解决实际问题的基本技能和服务社会的良好思想。

坚持知行统一与情感、意志的结合是由学生的认识特点决定的。学生的认识主要源自书本的间接经验。知识点抽象、枯燥、繁难给学生的理解带来了许多困难。学生要想实现对书本知识的透彻理解和掌握，就须付出顽强的意志和高昂的热情；要想做到学懂会用，就必须把接受与应用统一起来。

坚持知行统一与情感、意志的结合也是由知情意行四者之间的内在联系和相互作用决定的。一个人要把所获得的认识变成实际行为乃至习惯，便需要认识与情感的融合。当受教育者的认识与相应的情感发生共鸣时，就会产生一种信念。信念便会激发人的情感，增强人的意志，从而使人以顽强的精神把认识付诸实践。所以有情感和意志等精神力量的支持才能保证知行转化的完成，达到知行统一的目标。

（五）教育影响的系统性和连贯性原则

教育影响的系统性和连贯性原则是指教育过程要按照教育方针的要求，有目的、有计划地把各种教育影响组织与编排起来，使其互相配合、协调一致、系统连贯地对学生的身心发生作用，以保证既使学生获得系统的知识，又能培养其优良的品德。

教育影响的系统性是由学生身心发展的顺序性决定的。无论是学生认识能力的发展，还是思想品德的形成都有其自然的顺序。应根据学生身心发展的具体特点，有系统、有步骤地进行教育。

教育影响的系统性也是由科学知识本身的逻辑要求决定的。任何一门科学知识，都是按照学生的认识特点和心理发展顺序组织起来的，各知识间具有严密的逻辑联系。为此，教师施教时就应遵循它的逻辑体系，不能随心所欲、越级而进，否则必是欲速不达。

教育影响的连贯性是由学生思想品德形成的特点决定的。一个人的思想品德形成是长期的、前后一贯的、连续不断的过程。只有各方面教育影响要求一致、前后一贯、相互配合，才能收到良好的教育效果；否则就会使各方面教育影响互相矛盾和抵消，影响教育效果。

（六）正面教育与反面比较相结合的原则

正面教育与反面比较相结合的原则是指为形成学生正确的认识和思想，要把正面的理论陈述和反面的例证比较结合起来，通过比较和分析，在学生头脑中形成正确的观念和思想。

正面教育与反面比较是学生获得正确认识的需要。人的观念的形成离不开教师系统的讲解和传授，离不开一定的思维形式。没有正面的理论阐述、榜样示范，学生缺乏认识。但在正面的阐述之外，还需要比较。有比较便有鉴别，有鉴别才能使学生明确彼此的异同、好坏、优劣、对错，从而在学生头脑中建立起科学的认识和正确的思想。

（七）整体教育与个别教育相结合的原则

整体教育与个别教育的结合是指在教育过程中，从教育的指导思想到具体的教育实践，都要把整体活动和单项活动、整体发展和个别品质发展、集体教育和个体教育有机地结合在一起，通过整体教育规范个体教育，通过个体教育实现整体教育的目标。

人的全面发展的教育目标决定了整体教育的必要性。整体教育是学校教育、家庭教育、社会教育各种教育形态的统一，是德育、智育、体育、美育、劳动技能教育等各局部教育的统一，也是每一个社会成员发展的统一。它反映了国家关于人才培养的共同目的和需求。所以用整体的教育思想指导整体的教育实践，才能最终实现整体教育目标和学生身心整体发展的目标。

在整体教育中之所以还要有个体教育，这是由整体与个体的辩证统一关系决定的。整体是由一个个具体的个体构成的。个体教育是整体教育的有机组成部分。没有个体教育的实施就没有整体教育的完成；没有整体教育的规范，个体教育就不会有整体发展的效果。所以整体教育与个体教育是辩证统一的。

综上所述，教育过程的基本原则是多方面的，但并不是孤立的。各项原则在教育过程中是统一发挥作用的。教育过程中从来不存在某一原则孤立地起作用的现象，各项原则都是在相互配合、互为条件中发挥作用的。所以，在教育过程中必须树立统一观点，综合运用教育基本原则，以有效地完成教育的任务。

第三章　现代教育要素

教育要素是指构成教育活动的成分和决定教育发展的内在条件。就教育实践活动而言，其构成要素有：①教育者，以其自身的活动来引起、促进受教育者的身心发生合乎目的的发展和变化；②受教育者，以其接受教育影响后发生合乎目的的变化来体现教育过程的完成；③教育内容，是教育实践活动的手段，是置于教育者和受教育者之间并把他们联系起来的一切中介的总和，如教科书、教学方法、教育技术手段以及教学组织形式等。

第一节　教育者

一、教师的作用与地位

（一）教师的社会作用与社会地位

1. 教师的社会作用

教师的劳动具有巨大的社会价值，教师对个体的成长，对人类社会的延续、发展和进步起着无可替代的作用。教师的社会作用具体表现在下述三个方面：

第一，教师是人类文化的继承者与传递者。在任何社会，人们总是要把所积累和创造的社会文明继承和传递下去，并使之不断得到丰富和发展。这一工作是由教师完成的，如果没有教师的劳动，人类文明就要中断，新生一代就要事事靠直接经验，永远从头做起，社会也必然会停滞不前。所以，教师劳动对人类社会的延续与发展起着承前启后的作用，对人类文化科学知识、社会意识的继承与发展起着纽带和桥梁作用。教师是社会发展的"中介人"，他联系着人类的过去、现在和未来。正如俄国教育家乌申斯基所说，教师是"过去历史上所有崇高而伟大的人物跟新一代之间的中介人"，是"过去和未来之间的一个活的环节"。

第二，教师是精神财富和物质财富的创造者。纵观人类社会发展的历史，不难看出教师劳动的重要作用。一个社会与民族进步程度的重要标志，就是物质文明与精神文明的发展水平。物质文明与精神文明的发展水平，取决于人的素质，而人的素质培养主要取决于教师的劳动。

从一般意义上来讲，社会上各行各业的成员都是社会物质财富和精神财富的创造者，但他们不是自然成长起来的，都必须首先通过教育的培养和训练。现代生产表明，个体只有受到一定程度的教育，掌握一定的生产知识和科学技术，才能进入生产领域，成为物质财富的创造者。尤其是随着科学技术进步和生产力发展水平的提高，教师生产个体劳动能力的社会作用日益突出。教师的劳动是进行物质生产劳动、创造物质财富的前提和基础。从这种意义上来说，教师也是物质财富的间接创造者。

从精神财富的创造发展来看，它也是同教师的劳动紧密联系在一起的。所谓精神财富的建设主要包括两个方面：一是科学文化建设；二是思想建设。科学文化建设是指科学、教育、文学、艺术、新闻、出版、广播、电视、体育、卫生等各项文化事业的发展与人民群众知识水平的提高，此外，还包括开展健康愉快、生动活泼、丰富多彩的群众性娱乐活动。思想建设是指统治阶级的思想意识、人生观和世界观，以及统治阶级所需要的品德的宣传和教育等。对于社会主义社会来说，就是马克思主义的世界观和科学理论，共产主义理想、信念和道德，同社会主义公有制相适应的主人翁思想和集体主义思想，同社会主义政治制度相适应的权利与义务观念、组织纪律观念等的宣传和教育。

精神财富的建设是由低级向高级、由简单到复杂的一个不断发展的过程。在精神财富发展过程中，起关键作用的还是各方面的专门人才，其中包括文学家、艺术家、科学家、教育家等。正是通过他们的创造性劳动，社会的精神文明才得以不断向新的高峰迈进。而这些人才都是教师培养训练的，所取得的成就也总是同教师联系在一起的。所谓"天才"，如果离开教师的劳动，必然一事无成。教师不仅通过培养人间接丰富社会精神文明的宝库，高等学府的教师还通过科学研究直接创造精神财富。

第三，教师在宣传、教育、组织群众方面，在社会环境的优化及社会变革中，发挥着先锋与桥梁作用。教师是知识分子队伍的重要组成部分，他们运用自己的知识才能为社会服务。教师是社会的重要成员，他们具有高尚的精神、敏锐的思想、丰富的学识，他们最关心祖国的前途、民族的命运。因此，教师在宣传党的方针政策，教育组织群众克服社会上的腐朽思想、传统意识，共同参加社会主义现代化建设事业方面具有重要作用。任何社会变革总是以思想变革为先导，教师就是先进思想的创造者与宣传者。历史上无数事实表明，在任何社会的变革与进步中，教师都是重要的促进力量。

总之，社会的发展进步离不开教师的劳动，社会文明每前进一步，都包含着教师的贡献。在科技高速发展的现代社会，教师劳动的社会作用日益重要。但教师劳动的重要社会价值主要是通过培养人而实现的，其效果在学生毕业后进入社会实践领域才被证实。正可谓：现实的教师劳动，未来的社会效果；现实的教育投入，未来的社会产出。教师的劳动价值具有滞后性。教师所从事的事业，从表面上来看虽然很平凡，却是历史上最伟大的事业之一。

2. 教师的社会地位

教师这一职业在人类社会发展中起着十分重要的作用，他们的劳动应当受到全社会的尊重，他们应当享有崇高的地位。但是在人类社会发展的不同阶段，由于政治经济制度不同、社会生产力的发展水平不同，教师的地位也截然不同。

社会主义社会是以公有制为主体的社会形态。在社会主义社会里，教师同工人、农民一样，都是国家的主人。同以往的社会形态相比，教师的社会地位发生了根本的变化。教师受党和人民的委托，为社会主义事业培养人才，教师的劳动价值得到了承认，教师的社会地位得到了真正提高。党和政府采取了许多措施，提高教师的政治地位、社会地位和经济地位，教师的工作条件和物质待遇都有了一定的提高和改善。

（二）教师在学校教育过程中的作用与地位

1. 教师在学校教育过程中的作用

教师的巨大社会作用主要是通过培养人实现的，在学校教育过程中教师的作用主要表现为三个方面：

第一，开发学生的智力。开发智力，是指教师在教学过程中对学生智慧的培植和挖掘，以及对吸收知识、运用知识能力的启发与培养。学生智力开发，是当今世界普遍重视和关心的问题。这是因为科学技术飞速发展，知识不断更新，人们再也不能一劳永逸地获取知识，而只有终身学习，建立一个不断演进的知识体系才能适应不断发展和迅速提高的新科学技术的需要。所以，用现代教育观点来看，衡量教师的教学质量，主要的不是看教师给了学生多少现成的知识，更重要的是看他是否教会了学生学习，是否使学生获得了解决实际问题的能力，是否在最大限度上开发了学生的智力与创造力。当然，重视智力开发，并不是不要系统的科学文化知识的传授。知识是智力的基础，没有知识，发展智力就成了无源之水、无本之木。但我们也必须同时认识到，发展智力是学生进一步获取知识和形成技能的重要条件。所以，教师在教学过程中，在传授知识的同时，要发挥对学生智力的开发作用。

第二，塑造学生的心灵。塑造心灵，是指教师在教学过程中对学生的思想、德行等方面的培养和影响。教师在教育教学过程中，不仅发挥着传授知识、开发智力的作用，更具有塑造学生心灵的职责。教书育人是教师的天职，教书的目的在于育人，育人的重要方面之一是培养人的思想品德、塑造人的心灵。教师对学生心灵塑造之所以具有重要的、其他事物所不能比拟和替代的作用，其原因不仅在于教师具有丰富扎实的知识，具有良好的思想品德修养，掌握了教育、塑造人的科学艺术，在学生的心目中具有较高的威望，同时也在于青少年的生活目标、道德信念、思想觉悟还比较朴素，人生观、世界观尚未形成，可塑性大。所以，教师在教育教学过程中必须抓住有利时机，坚持不懈地塑造学生的心灵。

第三，发展学生的体质。发展学生体质就是指教师在教育教学过程中对学生身体素质的全面培养和训练。教育的目的在于造就全面发展的人，身体是人的物质基础，是全面发展的重要内容。没有一个健康的身体和良好的身体素质，不仅会阻碍、影响人的其他方面发展，也必然难以适应现代社会的激烈竞争与快节奏的生活。所以，教师在教育教学过程中，必须适应青少年学生的身体发展规律和特点，促进学生体质的发展。

教师在学校教育过程中的作用是统一而不可分的，教师总是同时发挥着发展学生智力、塑造学生心灵与增强学生体质的作用。这是全面培养、造就人所必需的，教师切不可重此而轻彼。

2. 教师在学校教育过程中的地位

教师在学校教育过程中占有什么样的地位，一直是教育史上重大的争论问题。关于教育过程中的师生地位主要有两种不同的看法。一种观点认为，教师是教育活动过程的中心，占据主导地位。学生的发展与成长全仰仗教师的教导。教师的责任心、事业心，教师的能力与水平直接决定学生的发展方向和水平。另一种观点认为，学生是教育活动过程的中心，应居于主要地位。强调儿童的发展是一种主动的过程，教师的作用只在于满足他们的需要，因而反对教师对学生多加干涉。要求教师不要站在学生前面的讲台上，应该站在学生的背后。这两种主张，一种过分强调了教师的权威，另一种又过分贬低了教师的地位。

教师在教学过程中应占据什么地位是教育理论中的重大问题。当前教育理论中人们亦对教师的地位提出许多不同的看法。有人坚持教学过程应以教师为主体，也有人认为教学过程应以学生为主体，还有人认为教学过程中师生都是主体，即所谓"双主体"。另外，也有人主张教学过程是"教师主导，学生主体"。这些不同的观点和看法都从不同的侧面，在不同的程度上揭示了教育过程中师生地位的客观规律。但就教育过程的本质和教师的作用来说，教师应居于主导地位，这是由教育过程的客观规律决定的。

教师主导是教育过程的客观规律，在教育过程中绝不能否定或贬低教师的主导作用和地位。否定教师的主导作用和地位，就必然会把有组织、有目的、有计划的教育过程变为自发的过程，导致教育过程的自由化，从而使教育目的落空。但是，强调教育过程由教师主导，并不是否定学生的积极作用。教育过程是师生的双边活动过程，它必然离不开学生的积极主动参与，而调动学生的积极性与主动性不仅是教师主导作用的内涵之一，也是衡量教师主导作用发挥程度的重要标志。肯定教师主导而否定学生的主动性也是对教育规律的违背。就整个教育过程来看，教师的任务是教，学生的任务是学。从教的方面来说，教师是主体，而从学生学的过程来看，则学生是主体。但是，我们说教师和学生都是教育过程的主体，是就教育过程的不同侧面来说的。教育过程作为师生共同活动的总过程，既包括教师教的过程，也包括学生学的过程。这里的教与学是同时发生的，从教师教的过程来看，教师是教育过程中的主体，而相对于学习过程来说，学生则是学习的主体。学生的学受制于教师的教，因此，就教育过程的总体来说，在教与学这两个主体的关系上，教师是主导的。

二、教师劳动的性质与特点

（一）教师劳动的性质

教师劳动属于物质劳动还是精神劳动，是生产劳动还是服务性的非生产劳动，在理论界是有争议的。正确认识和解决教师劳动的性质问题，对于进一步认识教育性质，正确对待教育事业，具有重要意义。

根据马克思主义经济学的基本观点，教师的劳动是同物质生产劳动有着密切联系的精神劳动，是服务性的非生产劳动。

首先，教师的劳动不直接参加物质生产过程，是物质生产领域以外的劳动。现代生产的特点之一就是劳动的产品已经由个体生产者的直接产品转化为社会产品，就是说，现代生产所创造的产品已不再是手工业时期某一生产者个体的独自创造，而是结合劳动人员即总体工人的共同产品。现代生产劳动的概念已经扩大，不仅那些直接参与物质产品加工的体力劳动者是生产工人，那些远离产品加工生产的、间接地作用于劳动对象的生产管理者、工程师、工艺师等脑力劳动者也是总体生产工人的一部分。对于产品的生产，他们的劳动虽然是间接的，而且并不一定亲自动手，但他们的劳动最终也物化在产品上，他们的劳动仍是物质生产领域以内的劳动。而教师的劳动，虽然也同物质生产劳动有联系，它可以培养劳动者、生产劳动能力、改变劳动者劳动能力的形态等，但教师的劳动毕竟是生产劳动领域以外的劳动，属于非生产劳动。

其次，教师的劳动不直接生产物质产品。教师的劳动对象是人，劳动的最终结果是通过知识的传授、智力的开发、能力的培养、品德的塑造、体质的增强等使人的身心获得健全的发展。教师的劳动只是为社会培养人，为生产领域输送高质量的生产者。虽然教师的劳动可生产开发人的劳动能力，使培养的人在物质生产领域中发挥巨大作用，但教师的劳动本身并不直接生产任何物质产品。因此，教师的劳动属于服务性劳动。

最后，教师的劳动不直接创造用来支付他们报酬的基金，而是同收入相交换。教师的劳动是培养人的劳动，在资本主义条件下教师一般说来不生产剩余价值。在社会主义条件下，教师的劳动也不直接创造自身的劳动报酬基金。

综上所述，教师的劳动是物质生产领域以外的劳动，它不直接生产物质产品，不直接创造支付自身劳动报酬的基金。教师的劳动是精神劳动，是服务性的非生产劳动。但教师的劳动对物质生产具有重大作用，是物质生产所不可缺少的，教师的劳动是生产劳动能力的劳动。任何一个生产工人，其劳动能力的获得与提高，都离不开教育的培养和训练，都和教师的劳动紧密联系。尤其在现代社会，生产现代化水平日益提高，科学技术广泛应用，生产工人必须受到很高程度的教育才能进入物质生产过程，而且随着社会产业结构与分工等的变化，生产工人又必须不断接受教育，即接受终身教育才能适应社会的要求。因此，教师的劳动虽然不是生产劳动，但对于社会物质生产，尤其是对于现代物质生产具有重大价值，是不可或缺的。

（二）教师的劳动特点

特点是事物间相比较而具有的独特性。教师的劳动同社会中的其他劳动相比具有自身的特点。比较的对象不同，对特点的分析也就不同。一般来说，人们都是把教师的劳动过程同生产劳动过程相比较来研究教师劳动的特点的。

1. 劳动对象的能动性

教师的劳动对象同生产劳动的对象有本质的不同。生产劳动的对象是物，是不变的；而教师的劳动对象是学生，是发展变化的，具有主观能动性。在生产劳动过程中起能动作用的只有劳动者，生产劳动的结果仅仅取决于劳动者能动作用的发挥；而在教育过程中教师与学生都具有能动性，教育的效果不仅仅取决于教师的劳动，也取决于学生能动性的发挥程度。学生不仅有自身的身心发展特点和规律，而且他们对教育者的教育总是具有极大的选择性和调节性，因此，教师的劳动总是作用于独立的能动的学生个体身上，它要比劳动者对劳动对象的加工改造复杂得多。

教育对象具有能动性这一特点就决定了教师在完成教育任务、实现教育目的时，必须懂得、掌握学生的认识及身心发展规律。学生发展的源泉、学习的动力主要不在于外部的条件，而在于他的内部的矛盾性。这就是由社会因素和教育因素等所引起的新的需要与学生已有认识水平之间的矛盾。因此，教师在教育过程中就要充分调动学生的能动性，培养和激发学生的求知欲和进取心，并适时地指导、帮助学生，使学生不断地向更高水平发展。教师劳动对象的这一特点就要求教师运用启发式教育方法，废止注入式的教育方法，积极培养学生的自我教育能力，达到"教是为了不教"的目的。

2. 劳动手段的复杂性、创造性与示范性

同生产劳动相比，教师的劳动不是操作一台机器或运用某一工具去加工劳动对象，教师是运用语言、直观、形象等手段，并根据学生的不同发展水平与个性特点去培养教育活生生的人。教师的劳动手段具有复杂性、创造性与示范性的特征。

首先，教师的劳动具有复杂性。教师劳动的复杂性是由教育任务的多方面性与教育对象发展变化的复杂性决定的。

教育任务是多方面的。教师的根本任务就是培养德、智、体、美、劳全面发展的一代新人。教师既要教书，又要育人；既要传授知识，又要发展学生的智力、能力与体力；既要使学生在将来科学技术飞速发展的情况下能承受社会生产力的发展要求与自然界做斗争，又要使他们能够承受现有的社会关系，以适应社会生活。这就要求教师不仅要在教育对象的头脑中建造起知识的大厦，还要塑造他们的灵魂。

同时，作为教师劳动对象的学生，特别是青少年儿童，正处于形成发展的千变万化的状态中，受到复杂的社会环境和家庭环境的影响以及影视广播、书报杂志等不同文化的熏染，这些都为教育带来了重重困难，使教师的劳动更为复杂。教师如何在错综复杂的变化中抓住主流和趋势，采取最有效的方法促进学生的发展；如何剖析学生不正确思想和行为产生的真正原因以区别对待、对症下药，就成了教育能否成功的关键。而这一切都决定了教师劳动的繁重性与复杂性。

其次，教师的劳动具有创造性。教师劳动的创造性主要是指教师根据不同的教育情境及教育对象，灵活多变地运用教育、教学规律，以培养塑造不断发展变化的人。教师劳动的创造性与生产劳动的创造性不同，它不是表现在对未知领域的探索和发展上，而是表现在教师对教学内容的加工和处理，对教育教学原则、方法的运用和选择，对不同教育对象的因材施教等方面。

教师劳动的创造性是由教育对象千差万别、教育条件千变万化所决定的。

教师的劳动对象——学生不是一成不变的自然材料，而是具有独特品质的、活生生的人。他们有着不同的生活环境和经历，不同的兴趣爱好，不同的天赋、才能，不同的气质、性格，不同的意志、情感与思想行为。他们所受的教育和影响不同，整个身心发展水平也存在着极大的差异。每一个教育对象都具有互不相同的个性特征。同时，教育的对象还具有能动性，是教育与自我教育的主体，他们并不是消极被动地接受教师的教育，而是

能动地参与教育过程，制约着教师的劳动。这就必然决定了教师这种培养学生的劳动，不能像工人生产物质产品那样，有统一的操作规程、统一的型号，用同一个标准与模子来生产和铸造。在教育工作中没有一套在任何情况下，对任何教育对象都有效的现成模式。教师既要遵循国家的教育方针和统一要求培养学生，又必须注意每个学生的个别差异及其个性特点，要提出不同要求，采取不同的方法，因材施教，创造性地完成教育任务。

由此可知，教师的劳动绝不是简单的、周而复始的重复，也不是对他人经验的照搬，更不是只起贩运知识的"传声筒"作用，而是具有丰富而独特的创造性。每一个教育工作者必须认识到自己劳动的特性，大力发挥自己的创造性，培养出各有特色的学生。

最后，教师的劳动具有示范性。教师劳动的示范性主要是指教师通过示范的方式，用自己的学识、思想和言行等去直接影响学生。在教育教学过程中，任何一个教师，不管他是自觉的还是不自觉的，都在充当着榜样的角色，总是在对学生做示范。

教师劳动的示范性贯穿于整个教育活动的始终，几乎表现在教育活动的各个方面。教师的示范，不仅体现在知识的传授过程中，在学生思想品德的培养塑造中，教师的人格与个性也具有重要的示范作用。因此说，教师的一言一行、一举一动都可能对学生产生难以估量的影响，教师的示范表率是引导和规范学生成长不可缺少的手段。

教师的劳动之所以对学生具有示范性，主要在于学生，尤其是青少年学生在知识、智力、心理品质和思想道德方面，都还处于不成熟时期，独立性不强，具有依赖性。因此，青少年学生对教师总有特殊的信任和依恋的情感，把教师当作榜样去学习和模仿。教师在学生的心目中具有至高无上的权威和特殊的位置。所以，教师应当时时、处处严格要求自己，成为学生效仿的榜样。

教师劳动的示范性特点，不仅说明教师工作的艰巨和光荣，更要求教师具有高尚的思想品德与人格，具有丰富的学识，处处严格要求自己，以身作则，成为学生的表率。但同时也要切记，要培养学生的独立思考精神与主体意识，避免学生盲目顺从。

三、教师的任务和素质

（一）教师的任务

教师的根本任务就是为社会培养人。为此，教师必须全面贯彻执行国家的教育方针，使学生在德、智、体、美、劳等诸方面都得到发展，成为有理想、有道德、有文化、有纪律、体魄健全的社会主义事业的建设者和接班人。

为了完成这一根本任务，教师必须深入领会教育方针和培养目标的精神实质，对学生全面负责，充分利用一切教育机会对学生实施全面教育。

　　首先，教师必须努力提高教学质量，保证完成教学任务，使学生系统地掌握知识、学会本领、增长智慧；同时要培养学生的科学世界观，使他们树立崇高理想，具有高尚的思想道德和良好的人格，即认真遵循教书育人这一教育工作的客观规律。否则就背离了人民教师的职责，不能完成为社会培养人的神圣使命。

　　其次，教师还必须关心学生课外校外活动，组织领导好课外校外活动。课外校外活动是与学科教学相辅相成、相互促进的，是实现教育目的的重要途径。正确组织与开展课外校外活动，有利于促进学生的全面发展和某些特殊才能的形成与开发。教师只有既管校内又管校外，把课堂教学与课外活动结合起来，把校内教育与校外教育统一起来，才能出色地完成培养一代新人的任务。

　　最后，教师在教书育人的同时，还要注意总结教育经验，担负起丰富发展教育科学的任务。教师要不断总结自己在教育、教学实践中的经验，探讨教育教学规律，为提高教育教学质量和教育理论的发展做出贡献。

（二）教师的素质

　　百年大计，教育为本；教育大计，教师为本。教师队伍的素质，直接关系到人才培养的质量，关系到现代化建设事业的成败。因此，教师的素质问题，是教育的重大问题。

　　社会上的各种职业都有各自的素质规定，教师不仅要具备现代人的共同素质，还必须具备教师职业所要求的特殊素质。

1. 教师的思想政治素质

　　思想政治素质主要包括世界观、政治信仰与道德等方面。教师承担着为社会培养人、教书育人的重任。教师工作的重要方面就是塑造人的思想与灵魂。这必然要求教师具备优秀的思想政治素质。良好的思想政治素质不仅是教师无私奉献、忘我工作的精神动力，更制约着教师的科学文化素质与能力素质的水平和发挥程度，最终决定着整个培养人的方向和教育的质量。

　　教师是运用自己的知识、智慧、才能和思想，是运用自己的整个身心从事培养社会主义现代化事业的建设者和接班人的工作。因此，教师必须具有辩证唯物主义的科学世界观，必须热爱自己的祖国、热爱社会主义制度，必须具有坚定正确的政治方向，树立全心全意为人民服务的思想和高尚的道德情操。只有具备这样的思想政治素质，教师在教育活动中，才能勇于追求真理、宣传真理、捍卫真理，才能把自己所从事的事业同祖国的前途命运紧紧联系在一起，才能在工作中精益求精、无私奉献。这样的教师才能真正做到教书育人、为人师表，对学生产生巨大的教育力。

2. 教师的科学文化素质

科学文化素质在教师素质中占有重要位置，它是教师从事教育、教学活动的基本素质。教师科学文化素质的高低，直接关系着教师的威信以及教育、教学活动的质量和效果，关系到一代人的培养与成长。学生可以原谅教师的严厉、刻板，甚至吹毛求疵，但是不能原谅教师的无知和不学无术。教师在工作上能取得卓越的成就，就会赢得学生的信赖和尊敬。反之，如果一个教师表现出平庸和无能，不管这个教师如何善良、如何关心体贴学生，仍然不会博得学生真正的尊敬。因此，教师科学文化素质的提高是至关重要的。

教师的科学文化素质主要反映在精深的专业知识和宽广的文化修养等方面。

教师是通过系统知识、技能的传授，引导学生认识世界，发展智力、体力和塑造各种优秀品质，达到培养人的目的的。因此，教师必须充分掌握所教的专业知识。特别是在科学技术高速发展，课程内容不断更新和加深的现代社会，教师的专业知识和技能，也必须随之提高和增强，吐故纳新，站在国际国内学术发展的前沿。教师要给学生"一杯水"，不仅自己要有"一桶水"，还必须不断充实和更新自己的"一桶水"。为此，教师必须首先对自己所教的学科有深入透彻的了解，将教材吃透、钻深，把握教材的疑难点和关键，达到精而深，并在教学实践中随时调整和补充新的专业知识。专业知识造诣深，教学中才有足够的回旋余地，才能做到深入浅出。正所谓"资之深，则取之左右逢其源"。可见，一名称职的教师不仅要具有严谨的治学态度，还要不断地刻苦学习、训练，不断地提高自己的专业知识水平。否则，难以使教学获得成效。

教师除了精通所教学科专业知识外，还应该将视野放开，拓宽知识面，使自己具有宽广的文化修养。这不仅是因为各门学科，如数、理、化之间，文、史、哲之间，自然科学与社会科学之间都有着密切的联系，教师必须广泛涉猎各种知识，形成比较完整的知识结构，以适应科学的分化与综合趋势；也因为正在成长中的青少年，兴趣广博，求知欲强，他们通过各种信息媒体，获得大量的新知识，从而产生形形色色的问题，需要教师去解答和引导。现代教育对象的这种新特点也决定了教师不仅要具有精深的专业知识，还必须具备广博的文化修养。这就要求教师一方面要不断地吸收新知识，另一方面要广泛培养和发展自己多方面的兴趣。只有这样，教师才能把课讲得生动活泼，才能在最大限度上满足学生的需要。

3. 教师的教育理论素质

教师要取得最佳的教学效果，使自己的工作少走弯路、少犯错误，就必须学习教育学、心理学、教学法等方面的知识，了解教育工作的基本规律和方法，形成正确的教育思想，以指导自己的教育实践。一个教师仅仅具有专业知识是远远不够的，还必须懂得教育规律，掌握教学方法，了解学生的身心发展特点，只有这样，才能成为一名优秀的教育工作者。

掌握教育科学不仅是教师提高教学质量所必需的，同时也是教师总结教育实践经验，破除陈腐的教育观念和陈旧的教育方法，在教育、教学实践中进行科学研究所必需的。学习掌握教育学、心理学的科学知识，是顺利完成教育教学任务的重要手段，绝非雕虫小技。

4. 教师的教育能力素质

能力素质是指个体顺利完成某种活动，以及影响活动效果的基本素质。教师作为现代社会的重要成员，除具备现代人的基本能力素质，如创造能力、学习能力、交往能力、消费能力等之外，还必须具备完成教育教学任务的特殊能力，如研究处理教材的能力、了解分析学生的能力、选择运用教学方法的能力、语言表达能力、教学组织管理能力等。

第一，分析、处理教材的能力。教材是教师进行教学活动的主要依据，也是学生获得知识的主要来源。因此，具有钻研处理教材的能力是教学成功的重要条件。

教师分析、处理教材能力表现在把握教材的整体内容结构、思想体系；对教材中的原理、定义、定理等要逐一钻研，认真推敲，能够准确、科学、熟练地掌握。在此基础上，要特别注意挖掘教材中的智力因素与思想因素。

第二，了解、分析学生的能力。学生是教育的对象，对学生的全面了解与研究是教育成功的重要前提条件。学生的身心发展水平、学生的学习能力与学习习惯、学生的思想状况等，教师都必须准确地把握和了解。只有这样，教师在复杂的教育教学工作中才能做到因材施教，才能及时采取适宜、有效的教育措施，完成教育教学任务。

教师能否真正了解学生是以教师对学生的热爱与关心为前提的。此外，教师还必须具有敏锐的观察力与思考力、实事求是的正确态度，同时，教师还必须平等地对待每一个学生，这都是教师了解、认识学生的重要前提条件。

第三，选择和运用教育教学原则和方法的能力。正确地选择运用教育教学原则和方法是教育成功不可缺少的。教师必须针对不同的教育对象及其特点，针对不同的教育教学内容，选择运用恰当的教育方法。选择教育方法不能拘泥古板，应具有灵活性。这就要求教师不仅要掌握教育方法的理论，更要会灵活运用各种具体的教育方法。

第四，语言表达能力。语言是表达思想的基本形式，是教师赖以传递知识和影响学生的主要手段。教师的语言表达能力如何，直接影响教育、教学效果。

教师的语言应当通俗易懂、深入浅出、生动活泼、丰富多彩、简明扼要、逻辑性强。教师的语言应讲究节奏，注意语音、语调、手势和表情，应富有感染力。切忌条理不清、平铺直叙、呆板生硬、贫乏淡漠。教师语言的运用既要干净利落，能吸引学生的注意力，又要给学生留下思考的余地，不能有语病，更不能带口头禅。

教师运用语言艺术的目的在于使学生形成准确鲜明的概念和思想，在于激发学生的求知欲和启迪学生的思想。因此，教师的语言表达能力意味着具有丰富的词汇、合乎逻辑的表达方式，熟练地掌握学生易于接受的教育教学语言，它有赖于教师的思想与理论水平及思维能力的提升。

第五，组织管理能力。组织管理能力是教师在教育、教学过程中组织学生学习和开展各种活动所必需的，它制约和影响着教育、教学活动的顺利进行和质量的高低。

教师的组织管理能力表现在教育、教学活动的方方面面，教育工作计划的制订，课堂教学的组织，课外活动的指导，班集体的组建，以及各种班级、团队活动的开展，无不体现着教师的组织管理能力，包含着教师的心血与汗水。教师较强的组织管理能力不是一朝一夕就能形成的，它不仅需要广博的专业知识，更需要长期的实践锻炼和较强的事业心与责任心。

教师的素质直接关系到教育工作的成败。未来的人民教师欲为社会造就栋梁之材，必须全面提高自身的素质，使自己成为名副其实的人类灵魂的工程师。

四、教师的职业道德

（一）热爱并忠诚于教育事业

热爱并忠诚于教育事业是教师最主要的品质，是教师职业道德的核心部分，是当好教师的重要前提条件。只有热爱教育事业，才能自觉地献身于教育事业；只有忠诚于教育事业，才能满腔热情地忘我工作、无私奉献，不计个人名利得失，为下一代的成长贡献自己的毕生精力。教师献身于教育事业，总是基于对这一事业社会意义的认识与理解，基于对自身人生价值的追求。每一名教师都应该深刻体会自己工作的意义，把自己一点一滴的劳动同社会的进步发展联系起来，加深对教育事业的感情，全身心投入教育事业，"捧着一颗心来，不带半根草去"。

（二）热爱学生

热爱学生是教师热爱教育事业的具体体现，是衡量教师职业道德的重要尺度。教育是知识的传递、人格的塑造，是心与心的沟通与交融。因此，教师只有热爱学生，才能教育好学生。教师只有首先付出对学生的爱，才能赢得学生的爱，才能架起师生之间的感情桥梁，才能使学生主动接受教师的教育。教师把对教育事业的爱和对学生的爱融为一体，就是一个完美的教师。对学生冷漠、缺乏热情的教师绝不是一个好教师。他对学生没有爱，也同时失去了学生的爱。而没有爱的教育必然不会是成功的教育。

热爱学生就是要对学生亲切关怀、耐心帮助，在人格上平等相待，做学生的知心朋友，全面关心学生的健康成长。教师爱学生必须做到公正无私，要关心热爱每一个学生。教师要认识到，在教育活动中那些表现不好的学生，那些学习有困难的学生，更需要教师的爱与帮助。这不仅因为他们缺少爱，也因为教师对他们的爱正是他们全面发展、成长的重要动力。同时，是否爱落后生也是衡量一个教师职业道德的重要标准。

社会主义条件下教师对学生的热爱是一种阶级的爱，是对社会主义事业接班人的爱，因此，热爱学生绝不是对学生的迁就或放纵，而应当是严格要求与尊重信任相统一。

（三）团结协作，互相尊重

团结协作、互相尊重，不仅是对每一个社会人的要求，也是教师职业道德的主要内容。人才的培养造就，绝不取决于单个教师的劳动，而是有赖于教师集体的共同努力。因此，热爱教育事业的每位教师，都要具有集体主义精神，都要互相团结合作、互相帮助支持。教师间的团结协作，是教育成功的条件之一。

教师集体具有强大的教育力量。一个团结友好的教师集体，有利于教育方针政策的贯彻执行，有利于教学过程的组织，能够对学生提出统一要求。相反，如果教师在工作中互相推诿、互相矛盾，教育力量就会互相抵消，最终影响学生的健康成长。

教师之间的团结协作也要求教师正确认识、处理劳动成果的个体性和集体性的关系。学校中的课程大多是由教师单独实施的，这种教师劳动的个体性，往往使教师只看到个人工作的成绩。但教育是一项复杂的系统工程，任何人才的成长和培养都是在许多学科、许多教师的共同努力下完成的。因此，教师不能过高地评价自己的工作成绩，要摆正自己与集体的位置，努力建立教师集体的威信，互相尊重、团结协作，为教育事业做出贡献。

（四）为人师表，以身作则

教师是学生的榜样，在教育过程中，教师的人格与个性对学生的发展成长有着不可替代的作用。因此，教师在教育、教学过程中，一言一行、一举一动，都要为学生做出表率。凡是要求学生做到的，教师必须首先做到；凡是禁止学生做的，教师必须保证不做。只有这样，教师才能赢得学生的尊重与信任。反之，教师言行不一、只说不做，必然要失去学生的信任和尊重，不会取得好的教育效果。孔子说："其身正，不令而行；其身不正，虽令不从。"教师必须严于律己、以身作则，在各个方面成为学生的楷模。

此外，教师为了完成培养人的任务还必须同学生家长密切配合，尊重学生家长，和学生家长共同研究探讨学生存在的问题及解决的办法，这也是教师职业道德的重要方面。

第二节　受教育者

一、受教育者概述

（一）受教育者的概念

受教育者即学生，是人，这是毋庸证明的命题。人是许多学科共同的研究对象，由于各门学科任务和研究角度的不同，对人本质的揭示必然有所不同。教育学主要是研究个体人的发展，即个体从生到死的全部变化过程（重点是成年之前的个体），揭示教育的客观规律，并根据一定社会要求进行科学的教育。受教育者——学生在这里是有着本质规定的。

1. 受教育者是一个未完成的人

人是一个未完成的动物，并且只有通过经常地学习，才能完善他自己。所谓人的未完成性是指个体远离完全、彻底社会化的特性。人首先是自然实体，然后才是社会实体。一个人从一开始就通过遗传具备了人的生物体的构造和机能，但这只是生物学或分类学意义上的人。个体只有接受广泛的社会环境影响，才能实现社会化，成为社会学意义上的人。实际上，个体达到完全、彻底的社会化是困难的，可以说，人的一生都是处在不断社会化的过程中。完全社会化是个体发展的极限。所以，受教育者不仅要在自己身心发展的关键时期到专门教育机构接受系统的教育影响，即使进入成年、老年阶段后也必须接受再教育，以适应社会发展的要求。面对迅猛发展的信息化时代，无论是新生儿童，还是成年人、老年人，未完成性显得越来越突出。"活到老，学到老"，终身受教育的思想已成为当今世界的潮流。一个人从胚胎发育、降生到死亡的整个发展过程，就是一个从生物实体转化为社会实体，从低水平的社会实体转化为高水平的社会实体，步步逼近完全社会化的过程。

2. 受教育者是一个可教育的人

受教育者不仅是一个未完成的人，还是一个可教育的人。人的可教性表现在两个方面。首先，人有巨大的发展潜能和可塑性，这是心理学已经证明了的。在实际教育活动中，少数教师对落后生提不起兴趣，认为他们不可救药、不可教育的悲观消极观点是站不住脚的。其次，受教育者的可教性还表现在他不是消极、被动地接受教育，而是具有主动接受教育的能动性，并能与教育者配合，共同完成教育任务。这种能动性是教育与动物习得行为的本质区别。

3. 受教育者是一个完整的社会人

教育作为一种培养人的活动，它面对的不是单方面的分解的人，而是完整的人，是身心统一的人，全面发展的和受到全面训练的人，即会做一切工作的人。教育不仅要改变受教育者的认知、情感、行为习惯等心理方面的因素，也要改变受教育者的骨骼、肌肉、神经系统等生理方面的因素；不仅要使人承受社会现有的生产力，与自然做斗争，还要使人承受现有的社会关系，适应社会生活；不仅要培养人适应社会需要的精神力量，还要培养人适应现实的物质基础。受教育者的身心两方面是相互制约、互为条件、协调发展的，任何片面强调智力或体力发展的观点，都是有害的。要树立人的全面发展观，使受教育者德、智、体、美、劳全面发展。

综上所述，教育学中的受教育者，是有接受教育的必要性（未完成性）、可能性（可教育性）的人，是要接受全面教育（完整性）的人。基于此，我们认为受教育者的定义应是：从广义上来讲，受教育者就是在个体特定遗传素质和环境影响下，接受广泛的社会教育以实现自身完善和完全社会化过程中的人，这一定义涵盖了人由生到死的生命全过程；从狭义上讲，受教育者就是在个体特定遗传素质和以学校为主的环境影响下，以学习为主要任务，在教师指导下接受规范化的教育，以实现自身完善和基本社会化过程中的人，这里主要指学生。

（二）受教育者的分类

受教育者是一个高度抽象的类属概念，而现实教育过程中的受教育者都是具体的。只有将受教育者区分为若干有相互独立特点的群体，才能准确地把握他们的特殊规律，提高教育效益和质量。由于采用的分类标准不同，受教育者有着不同的分类。

从受教育的年龄上，可以把受教育者分为婴儿、幼儿、童年、少年、青年、成年和老年几个阶段。婴儿期一般指从出生到 3 岁。在这个阶段，家庭是孩子的第一所学校，父母是他们的第一任老师，他们主要在家庭中接受父母的养育。幼儿期一般指 3～6 岁。在这个阶段，孩子以游戏为主要学习内容，主要在幼儿园接受教育。童年期一般指 6～12 岁。在这个阶段，孩子开始以学习为主要任务，主要在小学接受初步的文化基础知识教育。少年期一般指 12～15 岁。在这个阶段，受教育者主要在初中接受文化基础知识教育。青年期一般指 15～26 岁。青年期又可分为青年初期、中期和后期。在青年初期（15～18 岁），受教育者一般在高级中学或职业学校接受普通教育或中等专业教育。在青年中期（18～22 岁），受教育者一般在大学接受高等专业教育或职业教育。在青年后期（23～26 岁），受教育者一般在大学进行更高层次的学习或走向社会。成年期一般指 26 岁至退休前。在这个阶段，受教育者有稳定的职业和岗位，他们一般是到各级、各类教育机构接受继续教育或称回归教育。老年期一般指离退休以后，在这个阶段受教育者主要在老年大学或其他教育机构接受教育。

从受教育的性质上，可以把受教育者分为受义务教育者、受职业教育者、受专业教育者、受特殊教育者和受老年教育者。受义务教育者主要指中小学生以及未达到相应标准的人员。受职业教育者主要指为就业做准备或就业后为提升自我而接受中、高等职业技术教育的人员。受专业教育者指接受初、中、高级专业教育的人员。受特殊教育者主要指因智力、身体等方面缺陷而接受专门教育的人员。受老年教育者主要指接受感兴趣的教育的老年人。

从受教育的形式和手段上，可以把受教育者分为在全日制学校学习的学生即日校生，在半日制学校学习并参加工作的学生即半工半读生，在工余或日常生活中自学或接受辅导的学生即业余自学生，通过信函接受教育的学生即函授生，通过广播电视手段接受教育的学生即电大生。

（三）学生的特点

学生的主要任务是学习。学习是个体获得社会经验的过程。以学习为主要任务是学生这一社会角色的本质规定性，是学生区别于其他社会角色的根本点。学生的这一特点决定了他们在社会结构中的地位和行为模式，决定了他们接受教育的义务和促进自我发展的责任。人的一生时时都在学习，但是，学生的学习是一种特殊形式的学习，这种特殊性表现在以下三方面。

1. 学生学习是以学校为主要环境的

这是学生的学习区别于婴幼儿学习以家庭为主要环境和成人学习以社会为主要环境的一大特点。学校环境是按国家教育制度和学校的各项规章制度组织的，有固定的年级和班级，有科学的教学计划。在学校环境里的学习，有高度的目的性、计划性和组织性，是在教育目标指导下学生获得经验而产生行为变化的过程，是一种规范化的学习。这种学习环境是精心设计的，是最有利于学生成长发展的。

2. 学生学习是在教师指导下进行的

这也是学生学习与其他社会成员学习的主要区别。在教师指导下的学习，可以更加有效。但是，与知识总量急剧增加不同，教师的指导帮助是有限的。所以，教师指导下的学习过程更主要的是学生逐渐减少对教的依赖，逐步实现完全自主学习的过程。指导就是为了不指导。一般来说，教师对不同年龄阶段学生的指导作用也是不同的，学生年龄越小，教师的指导作用越大，也越重要；学生年龄增高，教师的指导就相对减少。

3. 学生学习是以学习内容全面、系统为特征的

在校学生的学习，是依据国家课程计划和课程标准进行的，它们决定了学习内容的全面性和系统性。学生不仅要学习知识，还要学习技能、锻炼身体，形成良好的品德习惯。而其他社会成员的学习有较强的职业针对性，学习内容一般是单一的、片段的。所以学习内容的全面性、系统性，也是学生学习的一个重要特点。

二、学生的地位

（一）对学生在教育过程中地位的不同观点

同教师地位问题一样，学生在教育过程中占有什么样的地位，在教育史上也是一个重大争论问题。"教师中心论"是把学生看成一张白纸，可以随意涂抹；把学生当作一个容器，可以任意填灌。学生对教师来说，只能处于一种从属地位，只能保持一种被动状态。"学生中心论"则相反，把学生视为教育过程的中心，教师只是学生发展的"仆人"。

（二）在教育过程中学生是主体与客体的辩证统一

1. 学生是教育的客体

主体与客体是一对互相依存的哲学概念，既没有孤立的主体，也没有孤立的客体。我们说学生是教育的客体，就意味着教师是教育的主体。在师生共同参与的教育活动中，学生以学习为主要任务，是教师施加的教育影响的承受者。教师通过有目的、有计划、有组织的教育，把一定社会的要求转化为受教育者内部的需要，使学生的身心从已有的发展水平向新的发展水平转化。从这一角度讲，学生是教育对象，处于客体地位，而教师则处于施教地位，发挥主导作用。教师是教育活动的组织者和领导者，是知识的传授者、学生的鼓励者和启发者，掌握着整个教育活动的方向和进程，这也正是以学校为主要环境，在教师指导下的全面学习与自发性学习的本质区别所在。在教育过程中，师生的这种主客关系不容否定，否则就会影响教育质量。

2. 学生是学习的主体

在教育过程中，教师所教的内容并不是简单地输送或移植给学生的，而是必须经过学生的主体化过程，即学生的主动学习过程的。学习活动是一种主体行为，是别人代替不了的。主体只是通过自己的活动（不仅仅是通过知觉）来认识现实的，客体首先只是通过主体的活动才被认识的。从这一角度来说，学生又是学习的主体。与学习主体相对应的学习客体，不仅包括教师施加的一切教育影响，也包括教师本身，教师也是学生学习的对象，

处于被学的客体地位，如教师的为人、书法、语言风格等。作为受教育者的学生是有意识、有主观能动性的活人。就单个人来说，他的行动的一切活力，都一定要通过他的头脑，一定要转变为他的意志的动机，才能使他行动起来。因此，教师的一切教育影响——知识的传授、智力的开发、能力的培养、品德的形成等都不能由教师单独完成，而必须转化为学生的积极思考，必须经过学生大脑这个中转站的转换，才能内化为主体身心的一部分。所以学生是教育成果的体现者。教育过程既不单是教师输出、学生接收的外部引导过程，也不只是学生探索、教师护卫的内生过程，而是师生之间双向互动的过程，是充分发挥教师和学生两者主动性和积极性的过程。当然，学生的主动性不是自发产生的，而是多种因素形成的，在一定意义上来说，是教师启发引导的结果。学生的主体意识一经形成，就有着相对的独立性，从而对教育影响表现出选择性和倾向性。所以，作为教育主体的教师，其主导作用首先在于发挥、调动学生的主观能动性，增强学生的主体意识，只有这样，学生才能变被动为主动，真正成为学习的主人。

3. 学生是主体与客体的辩证统一

在教育过程中，学生具有主体和客体的双重特性。只承认或强调其中一个方面，在理论上是不科学的，在实践中也是有害的。教育实践表明：承认学生的客体地位，就能更加明确教师的主体地位，发挥教师的主导作用，从而激发学生的学习动机，调动学生学习的积极性、主动性；承认学生的主体地位，也会明确教师的教育影响和教师本身的客体地位。一切教育影响都不会自动地主体化为受教育者身心的一部分，而必须以学生自身的积极活动为中介，才能纳入受教育者的主观世界。学生的客体地位是学生接受教育的前提，学生的主体地位是学生接受教育的关键。但是我们不能忘记，我们说学生在教育过程中既是主体又是客体，这是从不同角度而言的。正如我们在前一章所谈的，在教育过程中，从教师教的过程来说，学生是客体，从学生学的过程来看，学生则是学习的主体，两者不能混同。

第三节　教育内容

一、教育内容概述

（一）教育内容的概念

教育内容是客观存在着的，但翻开以往的教育学著述我们便会发现，我国的教育理论对教育内容的研究是较少的，尤其是对内容这一基本概念的表述（或所下的定义），更是少之又少。我们认为，应该给教育内容下这样的定义：教育内容是通过教育活动对受教育者所施加的教育影响的总和。

第一，教育内容有广义和狭义之分。广义的不仅包括学校教育活动的内容，而且还包括家庭和社会部门等开展的一切教育活动的内容；狭义的主要是指学校教育的内容，包括教学活动、课外活动等内容。我们这里所说的教育内容主要是指狭义的教育内容。

第二，教育内容与教学内容既有区别又有联系。长期以来，有些人把教育内容和教学内容混为一谈，认为二者是可以通用的。这种认识是不对的。实际上，教育内容与教学内容是两个不同的概念，二者既相互联系，又有明显的区别。教育内容指的是学校教育中各种教育活动的内容。而教学内容则是指"学校传授的知识和技能，灌输的思想和观点，培养的习惯和行为等的总和"，即教学活动的内容。从范围上来讲，教育内容比教学内容要广泛很多，这就是二者的主要区别。二者的联系主要是：在学校还没有产生和刚刚产生时，教育（广义的）和教学（广义的）在意义上是没有区别的，因此，它们的内容也是相同的；随着教育理论和实践的发展，教育和教学在意义上已经产生了区别，教学只是诸多教育活动中的一种，而不是唯一的活动，所以，二者在内容上也产生了区别，从逻辑上来讲，二者是种概念与属概念的关系。所以我们可以说，教学内容是教育内容的组成部分之一，是教育内容的集中表现。教育内容的范围虽然极其广泛，但其主要是通过教学来实现的。明确教育内容与教学内容的关系，对教育学概念体系的完善和发展来说是完全必要的。

第三，教育内容与课程具有密切的关系。教育内容与课程是两个内涵不同但关系极为密切的概念。所谓课程是指"课业及其进程"。它有广义和狭义之分。广义的课程是指"所有学科（教学科目）的总和，或指学生在教师指导下各种活动的总和"。而狭义的课程是指"一门学科"。

从课程的含义来看，它与教育内容这一概念是有区别的。教育内容主要是指教什么，即它规定的主要是学校教育活动的范围和性质。而课程不仅包括教什么，还规定所教内容的排列顺序、进程及时间分配等，它比教育内容更具体、更周全。同时，课程与教育内容又是密不可分的。一方面，教育内容是选择课程的依据，也就是说，教育内容制约着课程的选择，在教育实践中，人们总是依据教育内容来安排课程的。有什么样的教育内容就需要什么样的课程来落实，教育内容不同，课程的安排也就不同。另一方面，课程是教育内容的具体化，它反映着教育内容的要求。一定的教育内容总是通过一定的课程来反映和落实的，没有课程来实施、落实教育内容，教育内容就是一纸空文。因此，教育内容能否得到全面、完整的落实，关键在课程。只有科学、合理地安排课程，才能保证教育内容的全面落实。

第四，在通常情况下，我们认为可以把教育内容理解为各种教育活动内容的总称。这样，教育内容按活动途径来分，可以分为课堂教学内容、课外活动内容、校外活动内容等；按对受教育者影响的性质来分，可分为德育内容、智育内容、体育内容、美育内容、劳动技术教育内容等。

（二）教育内容在教育过程中的重要性

1. 教育内容是教育过程的基本要素之一

按照系统论的观点，教育是一个复杂的社会系统，它是由许多要素构成的，是一个多因素、多层次的整体系统。构成教育过程的基本要素主要是教育者、受教育者、教育内容、教育方法和手段以及教育环境等，其中，教育内容是构成教育过程的一个必不可少的要素。如果缺少教育内容这个要素，即使教育目的再明确、教育者的素质再高、教育方法再科学、教育手段再先进，教育过程也难以运转。没有教育内容的教育过程，就如同没有发动机的机器，只是一架空壳。要使整个教育过程能够高效率地达到教育目的，必须给教育内容以应有的地位，并使之在整个教育过程中达到最佳状态。

2. 教育内容是实现教育目的的重要保证

在教育目的确定以后，为了实现教育目的，最重要的一环就是根据目的选定教育内容。因为教育目的是指根据社会发展和阶级利益的需要提出的培养人的质量规格的总的设想或规定。而人的质量规格表现在许多方面，诸如德、智、体、美、劳等。要使人在这些方面都得到全面和谐的发展，就必须从教育目的出发，科学地选定教育内容，使受教育者掌握系统的科学文化知识和各种技能，形成良好的行为习惯和科学的世界观、人生观、价值观，具有较强的能力和良好的身心素质。如果教育内容选择和安排不科学、不合理，就难以达到预期的目的。

3. 教育内容规定着学校教育活动内容的范围和性质

为了使受教育者在德、智、体、美、劳诸方面得到全面和谐的发展，教育内容都包括课堂教学科目、课外活动内容、思想品德教育内容这三大方面。这些内容决定了学校教育活动内容的范围和性质。与上述内容相适应，学校教育活动一般也就包括课堂教学活动、课外教育活动、思想品德教育活动等。这些活动各有侧重点、各有特点，同时，又相互渗透、相互补充、相互配合，从而使教育内容得到全面落实。

4. 教育内容是教育者和受教育者进行教育活动的中介

在教育活动中，教育者和受教育者之间的教育与受教育的关系实际上也是一种交往关系。按照交际学的观点，人与人之间的交往总是通过一定的中介（有形的或无形的）来进行的，没有中介的交往是不存在的。在教育活动中教育者与受教育者的交往也是如此。教育内容便是教育者和受教育者交往中的媒介。教育者与受教育者的交往就是通过教育内容这个中介来进行的。离开了教育内容，教育者和受教育者的关系就不复存在了，教育活动也就停止了，正是教育内容这个中介才把教育者和受教育者紧密地联系在一起。

5. 教育内容是选择教育方法、教育途径、教育形式的基本依据

教育内容与教育手段、方法和途径等之间的关系，实际上是内容与形式的关系。根据辩证法关于内容决定形式、形式为内容服务的观点，教育内容决定着教育手段、教育方法、教育途径和教育方式。当教育内容确定之后，就要围绕着教育内容来选择教育手段、教育途径、教育方法和教育形式。教育内容不同，教育的手段、方法、途径和形式也就不同。要使教育内容有效地传授给受教育者并使其掌握，就必须根据不同的教育内容的需要来选择教育手段、教育方法、教育途径和教育形式。如德育、智育、体育、美育及劳动技术教育是不同的教育内容，因而在对受教育者进行这些方面的教育时，就应选择不同的教育手段、教育方法、教育途径和教育形式。

综上所述，教育内容在教育过程中占有重要的地位，它是教育过程的一个基本要素，是实现教育目的、培养合格人才的重要保证，是教育者和受教育者进行教育活动的中介，是选择教育手段、教育途径、教育方法和教育形式的基本依据，它规定着学校教育活动内容的范围和性质。从现代教育学的观点来看，只有把教育内容放在整个教育过程中，放在与教育过程的其他要素的相互联系之中来加以考察，才能科学地认识它在教育过程中的重要地位。

二、制约教育内容的因素

教育内容是受多种因素制约的，概括起来说，主要是社会制约因素、教育自身制约因素和人类自身发展的制约因素等。

（一）社会制约因素

1. 教育内容受生产力的发展状况和科学技术发展水平制约

教育从一产生起，就具有两种基本职能，即传递社会生产经验和传递社会生活经验。社会生产力在推动社会发展的诸多因素中是最活跃的因素，社会生产力的发展水平是社会发展水平的重要标志。因此，社会生产力发展水平越高的社会，其社会生产经验和社会生活经验也必然越丰富，以传递这两方面经验为基本职能的教育也必然具有更丰富的内容。人类社会发展的过程已经证明了这一点。在古代，由于社会生产力发展得比较缓慢，教育内容的变化也比较迟缓，尤其是与社会生产联系密切的一些知识经验变化缓慢。资本主义工业革命后，由于科学技术大规模地运用于生产，生产技术上出现新的分工，科学门类和生产部门逐渐增多，各种形式的教育相继出现，教育内容的结构、学科门类也必然随之发展和变化。近现代各国教育内容中，科学文化知识所占的比重日益增加，这是社会生产力的发展状况和科学技术进步的反映。可见，社会生产力的发展状况和科学技术发展水平是制约教育内容的一个决定性的因素。

2. 教育内容受政治经济制度、占统治地位的阶级意识和教育政策的制约

一定社会的政治经济制度对教育内容具有一定的影响。例如，美国是一个地方分权的资本主义国家，教育上也是各州分权管理，各州的教育内容也必然有一定的差异。我国是中央集权的社会主义国家，教育上也是国家统一管理，教育内容上虽然有一定程度的灵活性，但从整体来看，仍然是国家统一规定的。一定社会占统治地位的阶级意识和相应的教育政策对教育内容的性质和范围具有直接的影响。在阶级社会中，教育具有阶级性，占统治地位的教育必然是统治阶级的教育，统治阶级必然通过实施符合本阶级利益的内容来为其统治服务。

3. 教育内容受民族和地域的文化传统、社会意识形态的制约

有些国家，政治制度和科技发展水平相近，教育内容却具有差异性，体现出各个国家的民族或地域特色。例如，东方各民族的教育往往注意培养人对社会、对国家和民族的义务感，而欧美各国则通常突出个人的自由发展。

由此可见，教育内容是受多种社会因素制约的，在分析和研究时，应该进行综合的考察，不能以偏概全。

（二）教育自身的制约因素

1. 教育目的对教育内容的制约

一定的教育内容总是服务于一定的教育目的的。在阶级社会里，教育是为统治阶级利益服务的，而教育目的恰恰是统治阶级的阶级意志在教育领域中的集中体现。另外，教育目的是根据科学技术和政治经济发展需要等而制定的，它也是社会诸方面对人才要求的集中体现。实现教育目的的主要手段就是教育内容，所以，教育内容主要是根据教育目的而确定的。也就是说，教育内容直接受教育目的所制约。我国的教育目的是培养社会主义事业的建设者和接班人，其教育内容就是反映我国社会主义革命建设需要和体现现代人才特征的促进学生德、智、体、美、劳等全面发展的教育内容。由此可见，一个社会有什么样的教育目的，就有什么样的教育内容。

2. 受教育者身心发展的特点和水平对教育内容的制约

在教育过程中，教育内容最终须为受教育者所掌握，因此，在制定教育内容时，还要考虑受教育者身心发展的特点和水平。受教育者的身心发展水平和年龄特征不同，所施加的教育内容也不同。如中小学生正处于依赖性强、自觉性差的时期，他们有强烈的自尊心、自信心，但缺乏正确的世界观、人生观，缺乏知识经验，辨别是非的能力较差，而在知识教学方面，针对他们接受能力较差、思维发展水平不高等特点，主要进行一些基础知识和基本技能的教学。大学生已经具有了一定的知识经验，生理的发展已基本成熟，品德上正处于世界观、人生观和道德观形成的关键时期，他们的接受能力和思维都达到了较高的水平，因此，在德育方面，要进行树立科学世界观、人生观和共产主义信仰等内容的教育。在教学方面，可对他们进行高深的知识和复杂的技能的教学与训练。教育实践经验证明：如果不顾受教育者身心发展水平，教育内容的深度和广度等要求过高，则只能是"空中楼阁"；要求过低则对他们的发展不产生实际效用。因此，不论科学技术、政治和经济发展得如何，教育内容的选择和安排必须考虑受教育者的年龄和身心发展的实际水平所提供的可能，否则，就会造成教育上的失误，给教育工作和受教育者的身心发展带来不良的影响。

（三）人类自身发展的制约因素

在不同的社会历史阶段，人类自身发展的水平和需要不同，总体教育内容所强调的侧重点以及所实施的具体内容也有一定的差别。这主要是因为，国家的教育内容是由人规定的，体现出一定的主观性，即教育内容受人的认识水平、需要等主观因素所制约。而人的认识水平和需要等，从宏观上来讲，就是在一定社会生活条件下的人类自身发展的总体水平和需要。在现代生活条件下，人的发展水平得到了极大提高，认识水平和需要也有了新的发展，为此，要求教育内容的质量、水平等也要提高。总之，社会在发展，人类自身也在不断地发展、变化，教育内容也必然要反映人类自身的这种发展、变化。

除上述之外，教育内容还受知识本身的发展及其分类、教育学说等因素的制约。

综上所述，教育内容既受社会因素的制约，又受教育的发展、人的发展和知识的发展等因素的制约；不仅受客观因素制约，还受主观因素的制约。因此，教育内容具有主观性、客观性、社会性、历史性、阶级性等特点。我们在研究教育内容时，应该联系多方面因素进行综合的考察，既不能只看到一方面因素而忽视另一方面因素，也不能把各种因素割裂开来而看不到它们之间相互联系的一面。

三、教育内容的构成要素及其相互关系

（一）教育内容构成要素及其形成

教育内容要素是纷繁芜杂的，有科学基础知识，有思想品德知识和行为习惯，有劳动知识和技能，有音乐、美术、体育知识与技能，等等。但概括起来主要有知识、技能和思想品德。下面分别论述诸要素及其形成。

1. 知识及其形成

（1）感知教材阶段

感知教材是学生认识知识的起始阶段。感知教材必须采取多种形式与方法，更多地接触实际。比如，观察教师在课堂上的演示，亲自参加实验、参观和实习，还可以利用已有的生活经验和以往学习中所获得的感性知识，等等。

（2）理解教材阶段

理解教材阶段是由感性到理性的阶段。把所感知的材料同书本知识联系起来，进行思维加工，达到理性认识。在此阶段多运用分析、比较、归纳和演绎等方法，进行推理判断，深入了解、认识事物的各种属性，区别本质与非本质的属性，找出事物的内在联系，达到对事物的全面认识。理解教材阶段是学生掌握知识的中心环节。

（3）知识巩固阶段

这一阶段是由学生认识的特殊性所决定的。学生掌握知识虽然也经历了感知、理解阶段，但知识毕竟不是学生亲自实践所获得的，而是前人实践经验的科学总结，是从书本里学来的。因此，必须加强知识的巩固。这就要求进行各种形式的练习与复习，掌握记忆知识方法，把理解记忆与机械记忆结合起来，养成边阅读、边思考、边记忆的习惯。

（4）运用知识阶段

这一阶段是形成技能、技巧，提高分析问题和解决问题的能力的阶段。掌握知识的目的在于运用、在于解决实际问题。理解了知识不等于会使用，记忆了知识不等于形成技能、技巧。所以，必须参加各种实际活动，在实践中不断提高分析问题和解决问题的能力。

2. 技能及其形成

技能是指顺利完成某项任务的活动方式。技能一般可分为两类：一类是操作技能或称活动技能；另一类是心智技能也称智力技能。下面分别论述这两类技能及其形成。

（1）操作技能及其形成

操作技能是指通过学习而形成的符合活动的内在规律、原则和规则的活动方式。它属于经验范畴，区别于操作知识；同时，由于它是学习得来的，又区别于本能。

第一，操作的定向阶段。操作定向是指在了解操作活动结构的基础上，在头脑中建立起操作活动的表象过程。也就是说，操作者在进行操作活动之前，必须明确要做什么和如何去做。

第二，操作的模仿阶段。操作者在明确要做什么和如何去做之后，就要模仿他人尝试做。所以，模仿一般是指仿效他人的特定的动作或行为模式。它是获得间接动作经验不可缺少的一种学习方式，是掌握操作技能的开端。在模仿（或效仿）他人动作时，重要的任务就在于检查操作者原来确定的操作定向是否正确、是否完备。所以，对操作定向的检查、巩固与校正，只有在模仿过程中才能完成。

第三，操作的整合阶段。操作整合是指把在操作模仿过程中所掌握的局部动作，依其内在联系联结成整体的过程。在操作模仿阶段采用的是分解学习，分别对各动作进行局部的模仿，所以，在操作整合阶段，必须进行整合练习，建立起局部动作之间的动态联系。例如，学生学习书法时，在操作模仿阶段是按笔顺的先后进行笔画练习。在操作整合阶段则要求进行写一个完整字的练习。因此，在整合阶段开始时往往会出现操作动作不协调的情况。

第四，操作的练习阶段。操作练习的目的在于使操作技能达到高度完善化与自动化。在此阶段经过反复、持续的练习，不断充实与完善，直至达到动作灵敏、正确与稳定，不再出现动作不协调现象；注意分配的可能性增加，紧张感逐渐消失，疲劳感也相对减少。

（2）心智技能及其形成

心智技能是一种调节、控制心智活动的经验，是通过学习而形成的符合活动的内在规律、原则和规则的活动方式。

心智技能与操作技能两者的区别就在于：操作技能是以客观物质形式为其对象，而心智活动的对象则是客体在人脑中的主观映象，是对客观事物的主观加工、改造过程。所以，心智活动属于观念范畴，具有主观性。

关于心智技能形成的基本阶段，在国内、国外心理学界争议很大。心智技能形成要经历五个阶段：

第一，心智活动的定向阶段。这一阶段是了解、熟悉活动情况，知道做什么和怎么做，从而在头脑中建立起活动的定向映象，即明确活动的目的性。它对心智技能的形成，在一定意义上来说起决定性的作用。

第二，物质或物质化活动阶段。所谓物质活动，是指动作的客体是实际事物，是对象本身，而物质化活动的动作客体不是对象本身，而是物质的代替物，如模型、蓝图、图解、图样和标本等。无论是物质活动还是物质化活动，究其实质都是依据实物进行的实际操作过程，是心智技能发展的起始。

第三，出声的外部言语活动阶段。这一阶段的特点是脱离开物质或物质化的客体，以出声的外部言语形式来完成一定的活动。它是由外部的物质活动向智力活动转化的开始，是心智活动形成的重要阶段。

第四，不出声的外部言语阶段。这一阶段的特点在于活动是以不出声的外部言语形式完成的。

第五，内部言语活动阶段。这一阶段是心智活动形成的最后阶段，是心智活动简化、自动化，就是说，似乎不需要意识参与而进行的心智活动阶段。外部言语是与他人交往的手段，而内部言语是"为自己用的言语"，是为固定智力过程的个别因素与调节智力过程而服务的。

3. 思想品德及其形成

思想品德是个体现象，是指一个人依据社会思想观点、政治准则和道德规范在言行中表现出来的稳定性的特征。

思想品德包括思想观点、政治观点和道德品质三个方面。对于社会主义社会公民来说，思想观点是指逐步树立起辩证唯物主义和历史唯物主义的基本观点，形成正确的人生观和科学的世界观；政治观点就是坚持四项基本原则，坚持改革开放的路线，逐步形成爱憎分明的政治态度和立场；道德品质就是要逐步掌握社会主义的道德规范，履行道德义务，正确处理人与人、个人与集体之间的关系，能正确评价自己和他人的道德行为；等等。

我国是社会主义国家，要求每一个公民都应该有理想、有道德、有文化、有纪律，热爱社会主义祖国和社会主义事业，具有为国家富强和人民富裕而艰苦奋斗的献身精神；都应该不断追求新知，具有实事求是、独立思考、勇于创造的科学精神，成为社会主义现代化建设人才。尤其是正在成长的青少年学生更应当加强个人思想品德修养。

个人思想品德的形成，一般经历知、情、意、行四个阶段。思想品德的发展是沿着知、情、意、行，由简单到复杂、由低级到高级这样的顺序进行的。

知，就是品德认识，是指人们对社会生活现象中的是非、善恶、美丑的认识与评价，以及在此基础上形成的思想观点、政治观点和道德观点。品德认识是形成思想品德的基础和前提条件。一个缺乏品德认识的人，很难建立起品德情感与品德行为。所以，加强品德知识教育、提高品德认识是形成思想品德的重要一环。

情，就是品德情感，是指人们在品德实践中评价自己和他人行为时所产生的内心体验和主观态度。品德情感建立在品德认识的基础上，也就是说，有深厚品德情感的人，一定是有明确的品德认识的人。但是，并不是说有了一定的品德认识就一定能转化为品德情感。这两者的关系不是对等的。品德情感在思想品德形成中起着推动品德认识转化为品德信念、发展品德行为的作用。

意，就是品德意志，是指人们在实现品德目的的过程中克服各种困难时所做出的顽强不懈的努力，是一种自我约束、自我控制的能力。品德意志使人能排除各种干扰和障碍，坚定不移地履行自己的品德原则和品德义务，从而使思想品德呈现出稳定性和坚毅性。

行，就是品德行为，是指人们在品德情感和品德意志的支配下所采取的行动。它是一个人思想品德修养水平的重要标志。一个人要让品德行为形成习惯，否则不能称得上有良好思想品德修养的人。

（二）知识、技能和思想品德之间的关系

1. 掌握知识与发展技能的关系

知识是掌握技能的基础与前提，技能的掌握又能促进有效地获得知识。

技能有两种：一种是操作技能（或称活动技能），另一种是心智技能（或称智力技能）。无论哪一种技能的掌握都离不开知识和经验，就是说，任何技能的获得都必须建立在理论知识和实际经验的基础上。一个缺乏知识和经验的人，不会取得良好的技能。反之，技能发展水平高，掌握知识的效果就更好。比如，掌握写字技能，必须先学习怎样握笔，怎样写每一笔画，怎样顿笔，先写哪一笔后写哪一笔以及各笔画之间如何搭配，等等。这些理论知识学习不好，很难写成一手好字。掌握写字的技能又是学习新知识的前提条件。心智技能的掌握也是如此。心智技能包括观察技能、记忆技能和思维技能等。这些技能的发展同样依赖于知识的掌握。仅就思维技能的发展来说，没有充分的理论知识做基础，头脑空空、一无所知是无法进行思考，无法进行分析、综合、抽象、概括和分析判断的。所以，知识是心智活动的重要内容。同时，心智技能得到了发展，又会促进更快、更好地理解、掌握新的知识。可见，知识与技能之间的关系是相互依存、相互促进、互为基础、互为前提的辩证统一的关系。

2. 掌握知识与提高思想品德的关系

掌握知识是提高思想品德的基础，思想品德的提高又是推动进一步学习的动力。

掌握知识是提高思想品德的基础。这是因为人的思想觉悟的提高、政治立场的坚定和科学世界观的形成，都要以科学知识的掌握为前提。学生在系统地学习科学文化知识的过

程中，逐渐认识了社会发展规律、人生价值，增强辨别是非能力和明晰评价善恶的标准，为树立正确的人生观和科学的世界观奠定了基础。有了明确的思想观点、坚定的政治态度、正确的人生观和科学的世界观，他们的学习就会更加自觉、学习态度更加坚定，就会把个人的学习与振兴中华、实现祖国四个现代化联系起来，这必然促使他们自觉、积极、主动地学习文化科学知识。由上可知，掌握知识与提高思想品德也同样是相互促进、互为条件、互为基础的关系。偏离哪一个方面都是违背教学具有教育性的规律的。

第四章　中职英语课堂教学方法

英语作为职业学校的一门基础文化课，其重要性是显而易见的，但目前职业学校的英语教学却遇到了许多困难。面对职校英语教学中出现的困难，采用灵活的教学模式、教学方法，努力提高学生学习英语的自信心，激发学生的学习英语的兴趣，职业学校的英语教学一定会出现崭新的局面。

第一节　情景教学法

一、情景教学法的概念

情景语言学习研究取得了大量的心理学、教育学，以及人类学的理论和研究成果。在情景语言学习的大量研究成果的基础上，情景教学法的研究从 20 世纪 30 年代的英国开始。学术界普遍认同创立情景法的代表人物为英国的帕尔默以及霍恩比。20 世纪 70 年代之后，中国的情景教学法方面的研究者继承了国外的研究成果，并在此基础上发展了新的观点。所谓情景教学法是指教师在进行教学的过程中，有目的地创设一些具体、形象、生动的场景，帮助学生获得知识、发展技能。情景教学法建立在教师对大纲和内容的理解基础之上，通过创设真实的、自然的情景而使得学生能够融入其中进而学习语言。研究者同时指出，学生对语言结构的掌握是基于模仿，是用相似于教师所设立的情景语言去表达属于自己的看法观点。

从情景教学法传入中国至今，无论是研究学者还是工作在教学一线的教师都在研究和实验情景教学法在调动学生学习积极性和兴趣方面的功能和作用。其中，既包括高校的教师，也包括中小学的教师以及职业学校的教师。职校教师对利用情景教学法教学又多了一些职业能力养成方面的考虑。这是职业学校的特点决定的。

这些定义都强调通过特定情景的建立，并使学生进行语言训练和掌握发生在该情景中的必要性。

二、情景教学的要素

关于情景教学的构成要素，国内外有很多种观点。比较流行和被认可的观点认为情景教学有三个构成和三个影响要素，即学生、教师和内容的三个构成要素和目的、方法和环境的三个影响要素。

（一）构成要素

1. 教师

教师是情景教学的关键因素。教师能否精心设计出情景教学取决于教师能否熟练驾驭知识，能否深刻领会教材内容。不能熟练驾驭知识，不能深刻领会教材内容，教师就不能感染学生，唤起学生强烈的求知欲也无从谈起。不能熟练驾驭知识，不能深刻领会教材内容，组织情景教学必需的材料和部件也变成空谈。即使运用了先进的多媒体等教育技术手段，也达不到应有的效果。

2. 学生

学生是情景教学的主体。其决定了教师在运用情景教学之前做到充分地了解学生的知识结构、心理特质和心理活动等问题。然后，有针对性地通过创设情景来吸引、打动学生，让他们在生活和职业情境中感悟、生成认识。

3. 教学内容

教学内容的意思是指，在学校里学生接受的知识、技能及思想观点，还有养成的习惯、行为等方面。各种知识是最常见的教学内容。一般将知识分为陈述性、程序性和策略性知识。对课程标准以及教材的深刻理解进而形成对知识内容的合理组织、合理安排是内容设计的要点，还要考虑如何合理地表达或呈现教学内容。制订教学计划的主体部分，也是最关键的环节就发生在这个阶段。教学目标决定教学内容的确定。

（二）影响要素

1. 教学目的

目标是情境教学的核心。教师必须明确认识到要依据教学要达到的目标来创设情境。离开了目标，情景教学就失去了应有的意义，就变成无根之木、无源之水。教师必须从教学要达到的目的出发通过精心的设计和斟酌来设置情境。

2. 教学方法

所谓教学方法指的是教师与学生在教学的整个过程中运用一定的方法和手段实现教学

目标，完成教学任务的总称。教学方法，分为教和学两个方面，即教师教的方法（教授法）和学生学的方法（学习方法）。学习方法决定了教授方法，否则教法的缺乏针对性和可行性便会影响预期目的的有效达到。在教法与学法中，教法处于主导地位是由于教师在教学过程中处于主导地位。

3. 教学环境

一般认为，教学环境应包括设施环境、时空环境和自然环境三个方面。体现在班风、课堂气氛、情感环境与师生关系等。丰富的个性化的环境能够起到教育学生的作用。因此，教师要提供一个有准备的环境给学生。有研究发现，师生的身心健康和教学成效受到不同的教学空间组织形式和空间密度的影响。两个最重要的教学空间变量是班级规模和座位编排方式。班级规模是关系到教学空间密度的因素，主要是指班级内学生的人数。

情景化教学的重要实施场所是校外的超市、商场、美术馆、公园、风景区、企业、医院等；对于职业学校的职业英语教学来讲，能和专业对接的校外企业如宾馆、餐厅、旅行社、公司等。问题是如何将这些非正式的教学活动课堂以外纳入正规的教学。实景的生活、工作环境使得学生能够身临其境，有利于知识的理解、掌握和运用。

一堂课的教学效果是否良好取决于良好的课堂教学氛围，素质全面的教师、学生在教学中的良好状态，科学、合理的教学内容，恰当的教学模式、方法和手段等因素。可以从预设性目标与生成性目标是否统一、学生群体的共性发展与学生个体的差异性发展是否统一、学生即时性发展与延时性发展是否统一，以及学生发展与教师专业发展是否统一来进行基本评判。

课堂教学目标能合理设计并充分实现、教学方法适切、学生投入、师生沟通渠道畅通、课堂管理方式良好、教学环境优化等是判断一个成功的课堂教学的必需条件。

三、情景教学法的作用

情景教学法对英语教学发展具有很大的促进作用，本节主要论述情景化教学在英语语言教学中对学生、教师的作用和帮助。

（一）情景教学法对学生的作用

关于情景教学法对学生的作用，国内外都有很多的研究。主要表现在兴趣、思维、理解和运用四个方面。第一，学习效果受学习兴趣影响。如何才能引起学生的学习兴趣呢？情景教学法给了我们答案。情景教学法的核心就是要解决学生学习兴趣不浓厚的问题。那么情景教学法又是怎么做到这一点的呢？就是因为情景教学注重在课堂上通过创设特定的语言环境，为此教师还可以借助现代的多媒体教学手段，使学生得到声音、图像等感官刺激，这种刺激能抓住学生的注意力，自然地，学生在不知不觉中融入课堂学习中。第二，正是由于情景教学法重视在情景中去学习的主张，在学生得到感官刺激从而产生学习兴趣后，情景教学的另一个作用就体现出来了，那就是它能够启发学生的思维。过去传统的教学法教师主导了课堂的话语权，学生只能按照教师的引导被动地听和记。在情景法中，学生是主角，他们主宰着舞台，他们通过情景模拟学习的过程中，是主动思考、主动适应和主动变化的。他们思考怎样才能表现最佳，这些思维是学生主动发生的。第三，常说"授之以鱼，不如授之以渔"，但知道方法而没有实际的操练，仍然无法掌握。情景教学的另一个作用就表现在，学生在情景模拟表演时是参与者、是实践者。他们通过做去学，能更好地理解所学知识和技能。第四，由于学生在情景表演时动作、语言同时发生，因此，学生综合运用语言的能力也在情景教学中得到了培养和提高。

综上所述，情景教学能从兴趣的激发、独立思维能力的训练提高、更加深刻理解知识，以及对知识和技能的综合运用方面产生积极的作用。

（二）情景教学法对教师的帮助

情景教学法让其他教学法无法比拟的重要作用在于，它帮助教师进行语言情景的创设从而为学生营造良好的学习英语环境。语言情景指的是语言使用的环境，包括自然环境、社会环境等。情景教学的准备、实施和评价等各个阶段都要求教师将语言和情景有机地结合起来。自然地，教师必须用英语进行备课、用英语发出指令、用英语评价学生的表现。传统教学法中，会发现相当一部分的教师在上英语课时，用中文发出指令，讲解、点评学生的表现。但在情景教学中，教师首先在讲解示范时，必须使用英语，否则学生无法在自主练习阶段进行模拟。从这一点上来讲，情景教学法也对教师全英文授课提出了更高的要求。为了不破坏情景模拟中学生已经建立起来的英语思维和交流模式，教师在学生模拟阶段，如果要给出指导和帮助，教师应该也使用英语。开始阶段可以是简单的、易懂的，随着学生英语词汇和交际用语的积累，逐渐地采用更为复杂和高级的词汇和语句。在评价阶段，教师也应继续采用英语评价。情景教学法要求教师在完整的教学过程中全程使用英语，为学生创造一个全英文的听、说的语言情景。

尽量排除学生的母语的影响和干扰，逐渐形成英语思维和表达习惯。这是很多从事英语教学的专家学者以及一线英语教师都理解和接受的观点。可在实践中，由于受到教法、教学环境、教学对象等因素的影响，并不是每位教师都能够自觉地身体力行。职业学校英语教师在进行英语教学时，常常会受到以下几个问题的影响：职业学校的英语教师首先会抱怨学生的英语水平太差，基本的语言知识都不具备，无法开展情景教学；其次，他们认为在现有的教学环境、教学设施条件下，即便是采用情景教学也是效果不佳，可实际情况是，这些抱怨的人忽视了自身的因素即不愿主动接受新教法。情景教学法在实践过程中已经证明了对于不同语言基础和不同年龄以及不同职业的学习者都是有效的。因为它符合语言学习的基本规律。英语基础差，教师可以在设计情景时，先从简单的、学生能理解和练习的难度开始。教学的环境如教室、教学设施如多媒体等，经过教师的精心设计和布置，完全可以满足营造特定情景的要求。

所以，情景教学法对教师的帮助取决于教师是否主动去接受。从这一点来说，情景教学法也对教师改进教法起到了促进作用，或者也可以理解为督促作用。按照情景教学法准备英语教学时，教师要主动地在每个环节进行情景创设的思考。情景应遵循从简到难的规律。在开始阶段，可以是单一的情景、简单的问题，如一问一答。这样有利于学生的理解，也有利于建立学生的自信心。使他们对接下来的学习保持兴趣和渴望，愿意接受更高难度的挑战。一旦确认学生在心理上做好了准备，在第二阶段，教师可以设计一些比较复杂的情景，但要注意仍然不能太难，不能超过学生的能力范围，否则就会破坏学生刚刚建立起来的自信心。这一阶段的情景可以是简单的三四句的对话。这一阶段教师要强调学生注意语言与情景的结合，如特定情景下的语调、语速、表情及动作等。如果学生仍然能够完成任务并保持兴趣和自信心，第三阶段，教师设计的情景可以是结合了前两个阶段所学习和掌握的情景用语的多情景、多场景的练习。在这点上情景教学法和任务驱动法目标一致。

四、职业学校英语语言的学习

职业学校的英语课程基本分为基础英语和专业英语课。不同专业都开设了基础英语课程，采用的是外研社出版的职业英语国家规划教材。基础英语教材根据不同的专业安排的课时量不一样，但各专业的教学目标是一致的，即通过学习，学生掌握应会的语音、词汇和语法等知识，掌握不同的学习方法和学习策略，能够具备日常生活中英语的听、说、读、写的基本能力。

从教学目标上可以看出，基础英语注重培养学生的英语通识能力。没有特定的专业要求。基础英语的学习也是为职业学生未来的更高层次的继续教育以及终身教育打下一定的基础。专业英语是以英语作为专业知识学习的语言载体，因此，学习专业知识的前提是要具有英语的基础知识，否则英语的词汇、语法会成为制约学习的障碍。从这一点上来看，专业英语教学首先是英语语言的学习。

五、专业知识的学习

但职业学校的专业英语教学同时又有别于普通学校的英语学习，也有别于高校的专业英语学习。职业学校的专业英语注重学生的运用英语处理问题、解决问题能力，满足工作中的实际需求，以便顺利走上未来的工作岗位，为了使职业学校的学生在毕业时能够具备符合各种职场需求的职业能力，职业学校为不同专业的学生开设了专业英语的课程。从专业英语的教学目标上来看，酒店英语要求学生能熟练使用酒店服务工作中常用专业英语词汇、术语、句型及习惯用语；能用英语向客人介绍酒店主要设施设备及服务项目；能听写、记录使用英语的客人的电话预订及留言；完成工作表中英语书写的有关信息的填写；能使用英语与外宾作基础沟通，提供服务。旅游英语要求学生掌握旅游服务工作中各个部门、各种场合的外语服务用语。除顺畅表达、正确语音语调外，还需要规范得体的语言、自如运用的多样表达方式，正确理解客人提出的服务要求，用符合旅游服务人员身份的礼貌用语回答客人的问题，向客人提供各种信息，能用英语为客人提供旅游景点的讲解，从语言角度提高客人对旅游服务工作的满意度。民航英语要求学生能熟练使用民航服务工作中常用专业英语词汇、术语、句型及习惯用语；能用英语向客人介绍机场主要设施设备及服务项目；能听写、记录使用英语的客人的电话预订及留言；完成工作表中英语书写的有关信息的填写；能使用英语与外宾作基础沟通，提供服务。中西餐英语要求学生能熟练使用中西餐服务工作中常用专业英语词汇、术语、句型及习惯用语；能用英语向客人介绍菜肴的名称、原材料、调味品、加工工艺及配套餐具等；能用英语听写、记录工作表中的有关信息；能使用英语与外宾作基础沟通，提供服务。以上各专业的英语教学目标中都强调了专业知识学习的重要性。这是和基础英语注重培养学生的应用通识能力不一样的。职业英语或者叫专业英语是职业学生职业能力的重要组成部分。

（一）专业技能的掌握

专业英语不仅强调语言与专业知识的结合，也强调学生专业技能的掌握。有一个大家都知道的例子非常能说明专业知识和专业技能的不同。现在很多人都在报名学开车。一个学员在没有摸过汽车方向盘之前，教练已经在课堂上教会了他们所有的有关汽车的专业术语、汽车的驾驶步骤和要领。但大家都知道，这个学员如果去开车，没有一个人敢坐。因为他从来没有进行过实际的操作。同样以酒店英语为例，如果一个酒店专业的学生不知道在迎宾时要微笑鞠躬，在领位时要使用专业的手势，在让座时不知道椅子的操作，从客人的什么方向上菜单以及如何用手拿菜单，上菜的位置，餐具的摆放位置，如何更换餐具，如何斟酒、添加饮料等，就算他的英语很好，知道得再多，他也不是一个合格的服务员。

所以，专业英语在强调语言与专业知识的同时，也注重学生专业技能的掌握。而英语、专业知识、操作技能是专业英语教学不可分割的重要组成部分。

（二）情景教学应用实践

职业学校英语应从情景创设时的专业知识专业技能的融入、将情景教学贯穿整个教学过程、情景教学中教师角色的转变、将情景教学融入学生的日常生活中、情景教学与学生实习结合、以职业能力形成导向的情景教学评价体系六个方面来改革，从而改善目前职业学校专业英语教学中存在的问题，促进职校学生的未来综合应用英语语言、专业知识和专业技能的能力。为学生未来的就业提供帮助，为国家的发展输送具有职业能力的人才。

1. 情景创设的内容要紧扣专业

职业学校的专业英语情景教学目标应该是针对职业学生的特点和现状，结合未来就业的职业能力需求，利用情景教学的方法，以英语为语言载体，让学生在模拟职业情景和真实的职业场景中去学习专业知识、训练专业技能、提高学习兴趣、激发学习潜能、提高外语水平、提高文化修养、拓展学习能力与自我管理能力。

在教学目标的指导下，教师在创设情景时，应该紧紧围绕学生所学的专业和未来的职业，设定与专业相关的主题，设计考查学生专业知识和技能的问题，设计未来职场的角色，设计职场情景对话，利用教室、实训室模拟职业情景和场景，感受实习企业的真实场景，拓展未来职业发展所需的文化。必须明确，绝不能把专业英语变成纯粹的语言教学，不再反复地进行词汇讲解、语法讲解、背诵记忆、八股文式的朗读。应尽可能地将教学落实为具体的操作任务（动手或动脑），完成职业相关任务。教师在教材处理和编写教案时，要明确情景教学所需的组织方式、场所、内容、工具等。

2. 情景教学贯穿整个教学过程

对一个完整的教学过程，有分成教学准备、教学实施和教学反思三个步骤的，也有分成课前准备、导入、主题探究、巩固练习、总结拓展五个阶段或环节的。本文采用第二种方法。情景教学法要在每个环节进行情景设计，同时要考虑到专业知识、专业技能和语言的结合。下面我们以酒店英语的一堂课的设计来展示如何将情景教学贯穿整个教学过程。整个过程中，教师从教学场地、场景、教师与学生的职业角色、服装与道具等方面进行了全面的情景设计。整个教学过程中学生都是在模拟酒店餐厅的工作情景下进行的语言、知识和技能的训练。

3. 专业英语情景教学中的教师职业角色扮演

在专业英语情景教学中，教师的角色一定要赋予职业的特点。为了培养学生的职业意识和职业能力，教师首先要按照未来企业的标准去要求自己、衡量自己。比如，酒店英语课的教师，就要按照酒店员工的标准去要求自己。在课堂上和在课堂外通过自己的职业的着装、规范的语言、得体的行为等为学生示范什么是一个合格的酒店工作者。在教学过程中，比如，组织提问、发布课堂指令时，有意识地去模拟酒店经理和员工的情景。在模拟面试中扮演面试官、酒店经理的角色。在酒店式班级管理中扮演酒店经理的角色。

4. 专业英语情景教学中的学生日常生活职业角色扮演

为了进一步提高学生外语水平，学校应充分发挥所有的教学资源的功效，努力构建多维的、拓展型的外语学习情景，使学生的外语学习在时间和空间上突破 45 分钟的课堂教学限制，拓展到课外活动、家庭教育、社会实践甚至是通过网络与国外建立全天候的交流与联系。学校应积极组建包含各专业内容、吸收各专业学生的英语俱乐部。要改变情景教学只是在课堂上进行的观念。不能出现在课堂上举止得体、谈吐文雅，下了课马上就站无站相、坐无坐相，满嘴的不文明用语。一个完整的情景教学，应该也包括对学生课堂以外的专业素养的要求。为此，学生可以通过宿舍的布置、教室的布置、着装、卫生等方面按照企业的标准去要求自己。学校应鼓励学生自觉、自愿地将职业意识融入自己的日常生活。要做到这一点，最好能够带着职业的角色去做。

5. 专业英语教学与实习相结合

实习是学校为学生提供的、课堂学习以外的实践活动，是学生将所学的专业知识和专业技能用于实践并在实践中检验和提高的过程。实习也是教学活动的一部分。职业学校的学生实习一般分为日常的校内见习和企业实习两种。顾名思义，校内见习是在学校里进行。见习的场所一般为校内的实训基地，见习时间一般较短。而企业实习一般是在企业进行，时间较长，例如职业学校的毕业实习一般为一年时间。专业英语情景教学应该充分利用学生的校内见习时间，因为学生在见习时有比较长的、比较完整的时间去进行情景模拟训练，教学效果要比课堂教学显著。

6. 建立以专业能力养成为导向的教学评价体系

前文从情景创设和专业结合、情景贯穿教学整个过程、教师的职业角色、将情景教学和学生的日常活动结合起来、将情景教学与实习相结合五个方面探讨了情景教学法在职业学校专业英语教学中的新的应用。但是，如果没有一个科学的评价体系，仍然无法发挥出情景教学法的有效作用。针对职业学校专业英语教学评价体系存在的重终结性考核、轻形成性考核和实习考核的问题，有必要建立以专业能力养成为导向的教学评价体系。新的评价体系应该是多元化的评价标准。要与教育质量认证、与社会认证、与企业评价标准接轨，要将实习成绩纳入考核。要定量和定性考核相结合。

情景教学法是改善和提高目前存在于职业学校专业英语教学中的诸多问题的有效办法。要发挥情景教学法的作用，必须系统地从教学目标制定紧扣专业，情景教学贯穿整个教学过程，教师、学生职业角色扮演，学生日常生活职业角色扮演，专业英语教学与校内校外实习相结合，专业能力养成为导向教学评价体系这六个方面，全方位、全维度地建立职业学校专业英语情景教学体系。笔者认为这一体系在职业学校专业英语情景教学中是具有普遍适用性的。目前，有很多学校都非常重视专业英语的情景化教学改革，也采取了一些有效的措施。比如，专业英语"理实一体化"，其核心还是情景化教学，强调了"做中学、边学边做、学练结合"的教学思路。还有些方法如虚拟情景教学系统，将教室一分为二，前面是学生的听课座位，后面是利用多媒体 3D 效果虚拟出的上百种的针对不同专业、不同教学内容的场景。这些都是增强情景化教学的手段。但他们的不足之处是仍然是在虚拟的场景中去虚拟地训练。利用校内实训场地（如教学工坊）或见习企业的真实的营业场所，进行真实的操练，即"实景、实操"并结合对其他因素的改善形成一个体系才是职业学校专业英语情景教学的正确方向。

第二节　暗示教学法

一、暗示教学法的内涵

暗示是人类一种普遍的心理现象，是人与人、人与环境之间连续不断的信息交流的一种形式。其特点是直接渗透性和自动性，通过直觉、情感和无意识作用直接渗透进入的心理圈，快捷而灵活。暗示教学法又名超级教学法，是保加利亚心理医疗专家、教育学家洛扎诺夫（Georgi Lozanov）于 20 世纪 60 年代结合现代生理学、心理学和脑科学方面的最新研究成果创立的。这种方法是由洛扎诺夫提出的，因此又叫"洛扎诺夫法"。此教法主张通过心理、教育、艺术"三途径"，遵循愉快、集中而不紧张、有意识无意识相统一和开发潜力而不损害身心健康的"三原则"，灵活运用树立权威、稚化、双重交流、语调变换、节奏契合及假消极"六技术"以达到理想的教学效果。

暗示教学法是通过各种暗示手段培养学生的学习动机，激发其潜力，并从学生是一个完整的个体这样一个角度出发，在教学的每一个环节考虑到学生的各种无意识因素，以最大限度地提高学生的学习效率。暗示教学法自发明以来，不断得以发展完善。暗示教学法就是运用暗示手段开发学生个体的心理，不仅使学生们在学习"情趣"这一精神生活的内容时不再感到抽象和难以理解，而且对初步培养他们高雅的生活情趣产生了一定的推动作用。

暗示教学的理论基础是暗示学。暗示学是洛扎诺夫创立的一门新兴的边缘科学，是个体在别人的指导或独自的情况下，解放和激发个性的艺术的科学。暗示教学是暗示理论在教学过程中的具体应用。它不是一种单纯的教学方法（如讲授法、谈话法、练习法等），它有一系列的理论基础、教学原则和教学程序，甚至对教材的编写也有一定要求，是一个完整的教学体系。这种教学法的本质是通过身体放松、心理放松和各种暗示手段的运用来增强一个人的自我意识和激发他的潜能，扩展他的记忆力和其他能力。

二、暗示教学法在职业英语教学中的应用的必要性

（一）暗示教学法是适应中等职业学校教育改革的需要

1. 暗示教学法是培养学生素质全面发展的需要

深入中等职业学校英语课堂听课所掌握的情况发现，传统的教学存在一大弊端——"教学只是为教知识而教"。作为知识的拥有者，有的英语教师用一分钟来讲解词汇、短语、语法及课文分析。教学主旨变成知识传授，学生成为盛装知识的容器，而不是具体的、有个性的人。虽然在教案的"教学目的"里也有知识教学目标、能力培养目标、思想品德培养目标和心理素质培养目标等，但教师关注的不是学生的情感、意志、兴趣、性格等方面，大部分教师仍然只讲知识，作业只是背课文、抄写等，忽视对学生全面素质的培养。而中等职业学校英语教学大纲要求的"开发学生智力，培养学生观察、记忆、思维、想象和创造能力……"很难在教学中体现。

《中等职业技术学校文化基础课程和部分专业课程教学大纲汇编》提出："教师在教学过程中应与学生积极互动、共同发展。""实现教育内容的呈现方式、教师的教学方式、学生的学习方式和师生互动方式的变革。""改变课程实施过于强调接受学习、死记硬背、机械训练的现状，倡导学生主动参与、乐于探究、勤于动手，培养学生搜集和处理信息的能力、获取新知识的能力、分析和解决问题的能力以及交流与合作的能力……"所以，在职业英语教学中应用暗示教学法，可以充分挖掘学生学习的潜力，培养学生素质的全面发展。

2. 暗示教学法是学生潜能开发和个性发展的需要

中等职业学校英语教学仍是接受式教育，具体表现是教学内容是书本知识，教学阵地为课堂教学，教学活动以教师为中心，教学形式是教师讲学生听。知识信息由教师一方传递给学生一方。教师只是把书本知识原原本本地传授给学生。学生在这种单纯的知识传递过程中，好像是一个被动的容器，在源源不断地接受着知识的倾倒。学生的主动性和创造性得不到发挥，只能依靠着教师的教学思路，上演着一幕幕"教案剧"。虽然在课堂教学中偶然也有师生互动。但常常是教师连珠炮似的提问，学生机械反应似的回答，这一问一

答看起来非常热闹，实际上既缺乏教师对学生的深入启发，也缺乏学生对教师问题的深入思考。这种课堂教学，不仅抑制了学生学习的积极性和创造性，而且也限制了教师的主导作用和教学艺术的发挥，把生动活泼的教学活动搞成了死水一潭。而中等职业学校英语教学大纲在教学中应注意的问题中专门提到："要始终体现学生的主体作用，应充分发挥学生的主动性和积极性，激发学生的学习兴趣，营造宽松、和谐的学习氛围，使学生敢于开口，乐于实践……提倡重在参与，培养合作精神。"暗示教学法的特点，正可以解决这些教学中的问题。

3. 暗示教学法是培养学生学习英语的记忆能力的需要

一般来说，课堂教学中教学活动应该是丰富多彩的，但是在传统的英语课堂教学中，许多英语教师采取的是单一的课堂教学活动，而且缺乏必要的暗示教学，不创设一定的课堂教学的背景，或者使用的语调、语速，不符合暗示教学法的要求，导致即使一些学生对在这样的课堂教学中的英语知识掌握得比较充分，但是终归容易遗忘。个人的见解、动机和记忆都受感情、想象以及其他无意识活动的影响。

只有当有意识与无意识和谐统一时，学生的智力和个性才能得到充分的发展。这也正是暗示教学法在英语教学中应用的必要性。暗示教学法来源于洛扎诺夫及其同事多年在实验室得出的数据和课堂教学实践。教师可以在充分理解暗示教学法内容的基础上，根据班级的实际情况开展实验，是完全可行的。教师可以通过言语、表情、手势来树立学生对学习的信心，用变换的语调来调节授课内容的单调和枯燥，播放符合学生生命节奏的音乐强化学生的记忆。

（二）暗示教学法的实施是教师专业化发展的需要

在当代教育改革实践中，教师的工作职能发生了重大的变化，这种变化极大地提高了教师劳动的复杂程度和创造性质，没有教师的发展、教师专业上的成长，教师的历史使命便无法完成。而教师的成长、教师专业发展是在自己的教学研究和教学实践中完成的。暗示教学法的这种教学模式通过改变学生学习的环境、利用学生的心理因素，培养学生的学习兴趣，进而提高学生的学习效果。暗示教学法没有明确教学的材料可用，要在实践中不断地改进"暗示教学法"的模式，以设计恰当的、符合教学内容的教学材料，这需要我们教师有广博的知识和更高超的教学艺术，这就要求教师不断地学习、思考、研究和总结，从而促使教师对自身的教学进行反思与研究，使自己在教学实践中成长起来，所以"暗示教学法"在职业英语教学中的应用，也是职业英语教师自身专业发展的需要。

（三）暗示教学法的实施是职业学校自身发展的需要

传统的英语教学模式中学生和教师在教学中遭遇的知识是固化的真理，是一堆"死"的符号和结论，学生早已习惯了这种培养模式。一所学校的生存发展，除了生源这根生命线外，还有教学质量这根生存线。根据实验证明，暗示教学法不仅能够增加学生学习的积极性，是一种科学的教学法，促进了学生和教师之间的和谐，更重要的是这种方法更有利于学生健康人生观的形成。因此，这也是职业学校自身发展的需要。

三、暗示教学法在职业英语教学中应用的可行性

（一）职业学生的生理发育阶段决定了暗示教学法在职业英语教学中应用的可行性

职业英语教学的对象是职业学生，他们是具有潜能的一个群体，他们的中枢神经系统处于生长发育阶段，也是处在趋于完善的过程中，灵活性逐渐提高，有较高的可塑性，能很快形成条件反射，具有巨大的潜藏能力。所谓潜藏能力，就是由遗传决定的、潜在的能力。它主要在超意识状态中发挥作用，并且超过平常能力许多倍。但是人们往往低估了自己的潜能。这种潜藏能力，通过暗示可以得到很好的开发。

（二）职业英语教学的实践性决定了暗示教学法在职业英语教学中应用的可行性

职业英语教学要求课堂教学活动丰富多彩，特别是一些实践性英语教学课程具体实践性，这对课堂教学的活动量要求更大，而利用暗示教学法，比如，在课堂上使用音乐背景，或者可以使用一些语调具有节奏感的方式，这些不仅可以使得课堂教学更加活跃，而且又达到了课堂教学的目的。暗示教学法运用在职业英语教学中，使得课堂气氛更为和谐，增加了师生之间、生生之间的互动，同时，又建立了新型的师生关系，更加有利于学生的学习。

四、暗示教学法在职业英语教学中的实施策略

（一）愉快而不紧张

暗示教学法要使学生感到学习是一种乐趣、是一种享受。教室气氛要始终充满乐趣、欢快、轻松和舒适。心理学研究表明，兴趣、情感等和认识是相通的，认识是情趣的基

础，情趣是认识的重要推动力。烦恼、紧张、害怕、反感、压抑等消极情绪是抑制智力的，心境愉悦、心平气和、自信乐观等积极情绪则能强化智力活动。教师在教学过程中要通过多种途径、多种方式来诱导激发学生的积极情绪。

（二）有意识和无意识的统一

传统的教学观念只重视理性的力量，也就是有意识的能力，而暗示教学法追求的是有意识和无意识的统一，即感情调节理性，无意识调节有意识的作用。实施暗示教学法，教师应把学生看成理性和感情同时活动的个体。学生完成了一项简单的任务，教师如果这时给予表扬，学生未必愉悦，因为这时的表扬暗含着学生学习能力低的评价。成功后受表扬，学生会误认为自己能力低；成功后受中性评价，学生会认为自己能力高；失败后受中性评价，学生会误以为自己能力低；失败后受批评，学生会认为自己能力高。因此，在暗示教学法的课堂上，教师的态度要和蔼可亲，爱护和鼓励学生的自信心，但同时对学生进行适当的表扬和批评，促使有意识与无意识之间的统一。

第三节　生活化教学法

一、生活化教学概述

（一）生活化教学的内涵

教学与生活的关系问题一直是教育研究中的热点话题，古今中外教育家都对其进行过论述。教育对生活的意义主要体现在两个方面：第一，教育能够丰富人的精神世界，对生活有很多的启示作用；第二，能帮助人们建构自己的生活方式，建立人生观和价值观。教学与生活的关系存在着诸多的争议，有人认为教学不应该与生活联系过于紧密，不能将两者混为一谈，要保持一定的距离，否则会模糊教学与生活的界限，降低教育的教学质量；也有很多教育工作者持相反意见，他们认为教学与生活的结合是一种体验的教学过程，让学生更多地体验到具有感性生活定位的教学目标，并且符合新课改教学的理念，教学内容也要更加贴近生活，教学质量通过生活的教育价值得到进一步的提高。所以，怎样去寻找一个平衡点来定义教学与生活的关系，给学生一个怎样的生活化教学从而给教育质量带来提高都是值得研究的问题。

生活化教学理念的提出是在传统教学暴露出很多问题的背景下，由很多教育界精英经过对传统教学模式的思考，总结得出来的。课堂教学生活化，首先，便是生活素材的提取，生活不是学校的日程安排也不是教师的工作流程，而是学生的群体以及个体生活，实际现实的生活世界。其次，是在课堂教学过程中，尽量给学生营造一种实际现实生活的环境。最后，是课堂教学要提升学生的生命价值。由于生活化教学的理念可能是教育界的一次革命，近年来，对它的研究也是很多，出现了大量的研究成果，涉及各个学科，英语、历史、语文等。逐渐成为教学界的研究热点，很多教学研究工作者提出了自己的见解、建议、反思，可谓百家争鸣、百花齐放，让生活化教学从理论上逐渐地向实践过渡。

生活化教学可以这样来理解，在教学课堂中引入学生实际生活实践，让学生在教学过程中融入真实的生活场景，流露出真实的情感，这样有利于提高学生参与教学活动的积极性，带动学生进行思考、进行总结。在教材的辅助下，学生在丰富多彩的素材中与教师、学生进行交流、沟通，通过完成参与一个个的教学实践生活场景提高自身的交际能力，在实践中认识自我、认识世界，实现教学与生活的统一，完成自我人生价值的提升，更加懂得生活的意义。概括地讲，生活化教学是将生活素材运用于实际教学过程中，从而提高教育教学质量的先进教学理念，同时，对师生的生活精神氛围有较高的提升，一定程度上改变师生的生活形式，给生活、教学带来快乐。

（二）英语生活化教学的内涵

英语课程既是学生通过英语学习和实践活动，逐步掌握英语知识和技能、提高语言实际运用能力的过程，又是他们磨炼意志、发展思维、拓宽视野、丰富生活经验、发展个性和提高人文素养的过程。语言的学习与生活是密不可分的，语言是人类社会活动的沟通桥梁，同时社会活动使得语言得以发展，是文化的基本表现形式和重要载体。可以说，学习语言不仅仅是为社会各种活动做准备，它本身就是生活的一部分。

英语生活化教学就是以生活为根基的英语教学，它突破了要求教材统一、过程统一、结论统一、注重技术训练的传统的英语教学观，将英语学习领域从单纯课堂拓展到校园、家庭、社会生活的各个领域，深入到人的精神生活、社会交往等各个方面。

二、英语生活化教学中的学习风格

（一）视觉型学习

在对学生的学习风格进行分类之前，我们实施了观察法，对职业学校的部分学生进行了观察。对于视觉型这种学习风格的学生来讲，日常知识的学习以及生活的感知大部分都是通过眼睛观看来获取。在教学手段、方式的应用上他们更偏向于一种直观的方式，例如，使用幻灯片、图形界面、教学视频等，他们主要依靠视觉的刺激来认知生活世界。

（二）听觉型学习

对于这种学习风格的学生来讲，日常知识的学习以及生活的感知大部分都是通过双耳聆听来获取。对于图片、视频等形式的教学方式相比于视觉型的学生表现出较低的兴趣，更多的时候，他们愿意听教师讲课，参与到教师学生的讨论中，比较喜欢带有语言交流的教学实践。

（三）动觉型学习

对于这种学习风格的学生来讲，讲授教学和视听教学对他们来说作用都不太明显，而传统的教学模式大都是讲授教学或者视听教学。这部分的学生比较喜欢参与具体的实践活动和动手演练，他们对知识的获取大都通过自己的实践经验总结。

三、引导建议

（一）多样的生活化教学方式

职业学生的学习风格有着较大差异，因此，在日常的教学中，教师也不可以沿用一种教学方式，比如，一堂课下来大部分时间都是在讲述，并没有在黑板上进行板书，这对视觉型的学生来说，学习效率就下降了。或者，有些教师整节课闷不吭声，板书写满了擦，擦了继续写，导致听觉型的学生对教学失去兴趣。同时，职业学生学习风格偏向于动觉型。传统教学无法满足学生的追求，很多情况下，在英语教学过程中，对于生活实践、实际动手例子的引入较少，甚至没有。那么对于动觉型学生来说，得不到实际的演练，教学效率也得不到提高。俗话说，众口难调。在英语教学过程中，教师也不可能完全迎合每一位学生的学习风格，只有尽可能多地改变自己的教学方式，习惯板书的教师应该尝试多和学生进行交流，习惯口头讲述的教师应该留些板书实现教学同步，而且都应该在实际的教学中引入一些可以让学生参与、动手、思考的生活化素材，可以让学生得到实际的操作。有一种教学方法也可以解决教学过程中"众口难调"的问题，就是针对不同学习风格的学生进行分组，然后教师根据不同学习风格的小组进行相应的教学任务分配、活动安排等。比如说，对于听觉型的学生，教师可以尽量多和学生展开交流，提供尽可能多的音频资料。对于视觉型的学生，教师可以通过一些图片、板书、视频等方法让学生对教学内容有直观的感受。而对于动觉型的学习小组，可以适当地安排一些实际动手操作的活动，将教学任务结合在不同的活动实践中，有利于动觉型学生的积极参与。

（二）生活化教学中学生不同学习风格的融合

每一个学生都有自己独立的学习风格，不能说哪一种学习风格好，哪一种不好，不同的学生适应不同的学习风格。每一种风格都有其长处优势，又有其劣势和短处，没有哪一种风格是完美无瑕的，对所有的学生、所有的课程都是绝对适应的。在教学过程中，不管是教师还是学生，都要做到对实际的科目、实际的教学氛围做出不同学习方式的改变，而不是一味地套用同一种学习风格。比如说，历史的教学，有些内容比较强调记忆性的学习，这种学习方式就不能放到数学、物理等自然科目中。所以，对不同学习风格的融合是很有意义的，将不同的学习风格互补，听觉型的学生可以多注意视觉感官，毕竟有些教学情境的搭建是需要借助直观的感受。而视觉型的学生也不能不在乎听觉上的效果，有些情境的背景语调、音乐对于教学来说也是很重要的。

职业学生中由于学生学习能力、基础等的差异导致学生形成了多种的学习风格，针对学习风格，一方面，教师可以通过改变自己的教学方法；另一方面，对不同学习风格的学生进行分组。这种分组的方法看来更实际、更实用。毕竟教师的教学方法有限，所以分组的学习模式对英语生活化教学是一个较好的出路。将生活化教学的理念应用到不同的学习风格小组。在小组中，师生之间通过相互协作完成任务，针对各种困难、问题能够一起讨论，商量解决方案，对师生来说，教学更像是一种生活，在教学体验生活，同时，掌握知识，提升自我能力。生活化教学应用于听觉型学习小组时注重的是听觉方面的情境营造，借助相关的教学设备，让对听觉比较敏感的学生可以进入到一个实际的生活环境下。生活化英语教学应用在视觉型学习小组，则通过构建各种眼睛直观感受的素材来营造生活化情境；动觉型则需要较多的动手实践，通过一个一个的实际生活元素提高了学生的参与积极性，同时，能够更好地掌握知识。

除了分组的学习模式外，任务型学习模式也是一种有效的模式，这里所讲的任务与传统意义上的作业、习题不太一样。任务型学习模式的目的在于让学习者在完成任务的时候学会独立思考、分析。根据不同的学习任务做出相应的思维调整。教师应该依据课程的总体目标并结合教学内容，创造性地设计贴近学生实际的教学活动，吸引和组织他们积极参与。学生通过思考、调查、讨论、交流和合作等方式，学习和使用英语，完成学习任务，并要求教师在设计任务型教学活动时注意以下几点：第一，任务目的明确，可操作；第二，任务的设定基于学生的生活经验和兴趣，采用真实的内容和方式；第三，任务的设计尽量结合英语知识学习点，力求学生语言应用能力的提高；第四，任务尽量做到与其他科目相结合，让学生在体验任务的时候不仅对英语知识有所掌握，同时，扩展学生的思维、生活情趣、想象力等；第五，任务的设计尽量不要局限于课堂的教学，对于学生的实际生活和课外活动也应该考虑在内。

四、职业英语生活化教学要求

（一）将学生教学活动还原为生命活动

教师在把握教师学生双主体上，对于教学过程中主体的确定，既不是教师主体论也不是学生主体论，而是教师学生双主体，教师不再占据教学的绝对主体，也不是完全以学生作为教学的核心。整个教学过程只有学生和教师共同参与，将各自的生活经历、生活经验融入教学当中才是英语生活化教学的真谛所在。英语教学不是教师的"独角戏"，一节成功的课需要学生的积极参与，学生在参与的过程中实现自我的思考、分析，更多从理解的层面上掌握知识。传统的英语教学中，存在一些压制学生的现象，整节课只要学生保持安静就可以了。学生学习的主动性完全没有得到发挥，学生的想法灵感也没有很好地被激发出来，造成学生上课提不起精神，对教学内容不感兴趣。英语，作为一门语言更偏向于应用，学生作为接受知识的主体，如果能够积极参与到日常英语教学实践中，将会给英语教学带来很大的提升。所以，为了能够让学生主体更多地参与到教学实践当中，作为学校或者教师，都应该极力营造一个轻松、愉快的课堂氛围，尽量引入一些生活化素材。

要优化职业学校英语课堂教学，就要使教学过程生活化，把教学情景还原为生活情景，把教学活动还原为学生的生命活动，从而提高主体的积极性。职业英语教师在进行备课的时候，尽可能把这些跟英语学习有关的学生生活材料放入各种情景当中，在教学活动中搭建一些能听、能看、能触摸的生活情景，充分调动起学生的积极性。在很多电视台的节目中，我们也经常看到一些猜谜活动，完全可以引用到英语的教学之中。比如，英语教师在上课的时候，把同学们聚集在一起进行抽签，按照抽签结果分成不同的小组，位于小组中的同学发挥自己的想象，让其他组的同学进行猜测，答对的组可以加分，可以相应设置一些奖励，充分地调动起学生的兴趣。当然，整个过程都是英语的环境，尽量不出现中文的表达。可以演一家人在吃晚餐，也可以演同学们在教室做习题，也可以演周末在公园散步，等等，这些活动都可增加主体参与的积极性。在这宽松愉快的听、说、看、演的环境中，既巩固了新学的知识，又活跃了课堂气氛，同时完成了同学之间的交流、师生之间的互动。创设一个简约、生活化的课堂情景，比如去超市买东西，售货员、导购员、收银员都可以由教师或者学生来扮演，商品就来自同学们自己的一些书籍、餐具、文具等，然后让同学去商店买东西，通过英语来完成整个购物过程。在进行英语教学的过程中可以在教室外展开教学，利用这样的机会也可以设置一些生活场景来实施生活化英语教学，比如，可以让同学们进行一场小型足球比赛，球员都是由学生组成，裁判可以由教师来担当，当有球员犯规时，都是用英语进行讲述、警告或者处罚，让学生对足球的英语常用语有一定的了解、掌握，如果在学生中间有喜欢看足球比赛的，可以经常接触到这些常用语，对英语的学习很有帮助。当然，还有其他的很多例子，这里不一一列举。这样下来，不管是在活动的还是在一旁观看的同学都应该对英语日常用语有了很好的掌握。这种生活化的语言情景就不会导致让学生简单机械地对课本中有限的句型、语法进行模仿，教师也可以通过在情景出现的一些其他情况纳入教学当中，让同学们的英语学习能够更加贴近生活，从而提高了他们实际运用英语的能力。

游戏是青少年拥有的一份珍贵的礼物，它为青少年提供了去思考、去计划，并在面对21 世纪带来的变化与挑战中去享受生活的无价的机会。能给学生提供一个较好的英语学习环境。在形式多样的英语活动中，每一位学生都是活动的参与者，周边的气氛感染着每个学生，驱使每个学生开口讲英语。英语教学活动游戏化实质上是要使青少年对英语学习的过程变成愉快、有趣、轻松，充分发挥青少年主体性的教育过程。游戏活动有助于学生在一种轻松和谐的气氛中学习，使英语教学活动充满动力，通过各种各样的游戏刺激，提高和保持学生的学习兴趣，寓教于乐，变被动为主动，变乏味为有趣。在一堂课 45 分钟里若想让学生的神经区始终保持兴奋和积极的反应，教师就要在学生的脑神经最疲惫的时候，开发一些与该课学习的内容相适应的材料来延续学生的学习兴趣，以激发学习动机，它通常用于对所学材料的巩固，帮助教师将乏味的单词进行复习巩固活动变得生动有趣、引人入胜。值得注意的是，有些设计要以学生的生活经验和兴趣为出发点，因为每个学生的生活经验不同，他们有着不同的性格和成绩，设计的游戏应尽量使每个学生都参与进来，尽量安排集体游戏，这样才能使性格内向和成绩差一点的学生有参与的机会，让人人在教学活动中充满动力。

（二）创造生活化情景及氛围

生活化的英语教学正是一种在生活背景下进行情境化学习的教学方式。生活化的英语教学通过在教学中加入大量的生活素材，实现英语走进生活，成为学生实际生活的一部分。传统的英语教学，强调的是单词、语法、句型等，学生大部分的学习方法就是死记硬背，不仅学习效率不高，而且隔了一段时间之后又会忘掉，不利于学生对知识的掌握。生活化教学强调围绕学生的生活经验、文化认识等元素为中心，在教学环节当中设置一系列的教学情境，丰富课堂，让学生学得更轻松、学得更牢固。

听说能力是外语技能之一，其发展与学生的综合技能、学习能力、智力等密切相关。掌握好了听的能力，才能理解别人；掌握好了说的能力，才能被别人理解。

语言的吸收是语言表达的基础。听说是相辅相成的，如果一味地强调说的能力，而并不重视相应听力的练习，很容易使学生走向一个"聋子"的误区，最终导致说不好。所以在职业英语教学当中，要掌握说英语之前必须建立在听英语的基础上，这也是语言的一种模仿，这就好比一个小孩出生的时候耳朵必须是聪慧的，不然就算声带再好也无法实现讲话交流。对于一些条件较差的职业学校来说，可能由于资金等方面的原因，听力设备并不充裕，加上学生数量较多，很多学生一学期下来只能体验几次听力练习，严重缺少真实的语言环境，大部分的学生只能在课堂上听教师的口语来感受英语听力的环境，加上一些教师的发音并不标准，可想而知，对学生的英语教学质量有多大的影响。所以，职业学校要加大资金投入，增多听力设备、多媒体设备，聘请一些外教，尽可能多地营造英语语境氛围，让学生耳濡目染。

从职业学生角度看学生主体在生活化教学中的理解，生活化英语教学的中心思想就是一个"学"字，这个学字包含了很多层面的意思，既包括学习知识、学习环境，也包括学习氛围、学习情境、学习方式等，通过师生的共同努力来实现这些，教师将知识借助一定的方式传授给学生，教师通过对学生实际生活的把握在教学环节中设置相关的教学情境，营造一个良好的学习氛围，学生通过对知识的学习分析，研究思考，养成适合自己的学习方式。生活化教学不能缺少学生的实际生活，只有融入了学生的真实感受和心得体验，学生才会在教学中感受生活，这才是真正意义上的生活化教学，英语生活化教育也是如此，可以将学生平时经常做的事、说的话、想法等变成英语教学的素材，让学生在学习英语的过程中，用英语去表达自己的想法，通过英语来重现自己实际的生活世界。

英语学科在升学考试中所占比例较大，很多职业学生在英语学习上存在急功近利的态度。英语本来是一门语言，是一种生活沟通的工具，大部分的学生都以一种对待自然学科的心态来对待、学习英语。题海战术、疲劳战术等做法使得英语教学越来越远离实际生活，不利于英语生活化教学的开展。一直以来，大家对英语学习的认识都是狭隘的，认为英语学习只是简单的上课、做练习，完成教科书上的内容，完成一定的听力、写作就可以了。这和生活化教学有着很大的不同，生活化的英语教学强调从多方面对英语进行学习，包括实际的生活当中、实际的交际交流当中，课堂上教师的引导只是一方面，并不是英语教学的全部，学生应该多对生活中的许多问题进行思考分析，对英语教学的生活化也有着很大的帮助。传统的英语教学过分地强调单词、句型、语法、短语词汇等，以至于很多英语教学的课堂都枯燥乏味，课堂效率十分低下。在英语生活化教学的理念当中，英语课堂应该充满生活实际活动以及丰富的文化背景内涵，把学生很多生活场景中经常遇到的话题问题等生活素材放入到日常的英语教学过程当中。例如，学生肯定都需要购物，可以在英语课堂上把购物的日常话题放入到英语教学当中，相应的句型、语法、短语词汇等都可在完成购物这个生活题材的同时得到锻炼、得到学习，最关键在于这是学生自愿参与的，学习的心态也是积极的，不像以前的灌输，这个该怎么学，这个该怎么用。

大家都明白，一个知识、一个原理如果不经历实际的生活问题，是很难把它记住的，学过就忘，这也是中国学生普遍反映及苦恼的现象之一。有了大量的生活素材，学习就不会太抽象，课堂之后在实际的生活中知识又可以被反复地得到演练。因此，在生活化英语教学过程中，要尽量地借助多媒体教学工具，引入一些有益的视频、音乐、图片等，也可以将生活中经常遇到的事情运用到英语教学中，而不是单纯地依赖教科书、辅导资料、复习资料，也可以利用发达的网络资源，让学生有机会接触到真实的、原味的英语资料。总之，尽可能地将有益于英语教学课堂的生活素材引入英语教学中，让英语教学回归生活。

英语生活化教学应该建立课堂内外、学校内外的联系，让英语教学脱离以课堂生活为中心的单一模式，延伸及学生的社会生活、道德生活、情感生活、审美生活。通过生活化这条纽带，将学生的实际生活世界与传统的英语教学联系起来，融为一体。让学生在学习英语的过程中可以进行各种各样的生活体验，激发他们的兴趣和灵感；同时，让他们在日常生活中把实际生活与英语课堂上的生活素材联系起来，使学习的知识重新得到运用和巩固。

（三）增加生活化的激励元素

相比于成功激励，中国大部分的教师、家长都喜欢使用激将法，通过一定的观察可以发现，当学生或者孩子取得较好成绩时，往往说一些别扭的话打击学生的积极性，特别是在学生或者孩子表现不好的时候，很少有鼓励的话，大部分都是风凉话、刺激的话语。其实并不是每一个学生都适合使用激将法，学生很多时候需要的是一种肯定和认可，是来自教师、家长的鼓励。职业学生年龄较小，很多都没有成熟的心理，抗打击能力也还比较弱，如果在他们表现不好的时候一味地责备，最终有可能导致学生对学习失去兴趣。曾经看过一篇文章，题目是《一个差生的经历》，反映的就是一个学生开始的时候成绩比较差，后面经过自己的努力取得了好成绩，但是刚好碰到答案被盗，结果得不到教师、家长的认可，最终又回到"差生"的行列。这篇文章凸显出教学中存在的问题，就是缺少激励。在英语的生活化教学中，适当地分配一些职业学生可以独立完成的任务，对能够积极参与完成任务的同学加以表扬认可，然后适当地加大任务的难度，学生也会表现出和以前不一样的热情和积极性。职业学生体会到成功以及被认可的快感，对于日常教学实践也会积极地参与，对英语教学也会更有信心。

生活化的英语教学，在传统的课堂上为教师和学生提供了一起参与生活实践的机会，师生通过共同合作来完成整个的教学过程，生活化教学的理念赞成教师学生双主体，在教学中两者是平等的，不存在哪一方的绝对优势。教学更像是一种合作，不管是教师，还是学生，都可以拥有自己的想法和观点，在理想的状态下实现互相影响，相互促进。"在生活世界中，每一个学生和教师都不是旁观者，不是静听者，而是参与者。"生活化的英语教学给教师提供了更大的发展空间，可以脱离教材寻找充满生活意义的资料，给学生也留了一定的时间去进行自我思考，逐渐形成个性化的思想、创造性的思维能力。

生活化的英语教学归根结底就是要把没有生命力的语言与充满活力的生活结合在一起，使英语生活化、课堂生活化，让学生在英语生活化的课堂上感受英语的无时不在、无处不在。对英语的学习如果只是单纯的语言学习，就脱离了生活化教学的本质。生活化教学的目的最终是为了让学生在绚丽多彩的生活中运用英语，让英语走进每一个学生的生活，通过英语给生活带来沟通的美丽。让英语生活化，生活才会让英语教学大放异彩。

（四）重视与学生生活经验的联系

生活化教学的目的无非是为了让学生在快乐中学习英语，熟练掌握英语的实际应用能力，并能够提升学生的综合素质。学生在生活中经常遇到各种各样的事情，有一定的生活感悟、认知，有一定的生活经验，这部分经验也是学生最为熟悉、印象最为深刻的。如果可以将英语教学与学生生活经验结合起来，必将加深学生对英语的应用能力，而不会出现只会考试不会应用，甚至考过就忘的情况。

为了提高学生的学习效率，以及符合生活化教学的要求，将学生生活经验与英语教学联系起来显得极为必要。中等职业学校的学生英语基础普遍较差，对英语学习的积极性不高，如果不能及时地将生活经验结合进来，学生将更加提不起兴趣。在英语教学时，教师可以将一些英语教学任务以小组的形式分配下去，同学们可以自己组合，然后将任务分配给小组中的每个成员，最后对成绩的评定也是依据小组的总得分。这样，在小组中的每一个同学都会意识到自己工作是不可缺少的，特别是对于一些成绩较差的同学，平时作业、任务的完成可能都觉得无所谓，反正好坏都是自己的，当自己处于一个小组中情况就发生了变化，这些学生也许会意识到自己的重要性，而且通过自己的努力可以跟大家一起分享成功的喜悦。为了更好、更快地完成教学分配的小组任务，小组成员也会相互配合协作，投入的积极性也会大有增加，因为大家的目标统一了。而且在完成任务的过程中，遇到问题大家可以一起解决，这对促进学生之间的思想交流有着较大的作用和帮助。而且在传统的英语教学当中，单词词汇、句型语法是课程的重点，并没有太多涉及实际生活中的应用，极大地扼杀了学生学习英语的兴趣。如果教师只是照本宣科，一味地照搬书本上的知识，不将知识与学生的实际生活联系起来，始终无法提高英语教学质量，而且会造成英语学习的恶性循环。因此，在日常的英语教学工作中，教师必须努力构建生活化的情景，在课堂上重现学生的实际生活经验，让学生沉浸其中，潜移默化地受到感染。生活化的英语教学不但有助于学生用真实的方式来应用所学的知识，同时，也有助于学生认识他们所学知识的作用和意义。

（五）在生活中学习英语

在生活中学习英语强调让学生有更多的机会接触到英语，让学生习惯用英语去表达他们的思想、行为。而这些机会是通过外界环境创造出来的。这里将列举出一些案例，可以将其应用于职校英语教学中，实现生活化教学的要求。比如，可以在学生经常进出的场所标记上一些英语，比方说把中文的厕所改写成 Toilet，男生、女生用 Man、Woman 替代，当然还包括学生就餐的食堂、寝室等，在对职业学校的观察中，发现这些还未得到较好的实施。这样做的目的就是为了让学生感受到生活实践中的英语，感觉到英语就存在于自己的生活当中，慢慢地适应英语的使用方法，潜移默化地影响学生，不断地提高学生的兴趣，提高学生的英语应用能力。

职业学校，生活化教学的过程强调将英语教学回归生活，在英语教学过程中引入相关生活素材，进行多种生活化实践。英语生活化教学过程中也存在一些问题，一个是教师在教学过程中出现的，一个是在学生体验英语生活化教学的过程中出现的。职业英语教学的教师大部分都能够讲出生活化教学的概念，有些教师也能够意识到生活化教学的重要性。通过调查发现，很少有教师会在教学中引入生活化教学的理念，而且在课堂中也确实存在教学效率不高的现象。很多教师反映，其实每一位教师都追求充满乐趣的课堂，都希望学生能够积极地参与到教学实践中。英语教师觉得这种教学氛围确实可以带来教学质量的提高，而且教师学生都不会觉得很累。但是，在职业学校中，有些教师带很多个班级，一天下来很多的课时，大部分英语教师反映工作疲惫，根本没有心思去准备生活化的一些素材，每天上完课之后，还得批改学生的作业，临近考试的时候就更忙了，负责相关的复习。而如果要在英语课堂上引入有趣的生活素材，一来要花时间对学生的实际生活状态进行调研，二来在课堂上开展需要大量的时间。

职业学校的英语教学也很重视听、说、读、写能力的培养，这些能力也都是教学考核的内容之一，考核的结果也直接与英语教师的教学成果挂钩。有些教师即便是有这种生活化教学的想法，也不敢贸然实施。首先，一旦展开，学生需要一个适应期，这个适应期究竟需要多久也还没有一个定论。其次，若是生活化教学影响了正常的教学工作，导致预期的教学任务无法完成，教师也没有办法给学校交代。所以，大部分的英语教师还是循规蹈矩，再加上自己在生活化教学方面的经验不足，职业学校的英语生活化教学也被搁浅了。

当然，有一部分教师还是能够将一些生活的实例结合到英语教学中，当然一节课下来，可能也就一两个实例，贯穿整个教学的还是传统式的单词词汇、句型语法等。在调查中发现一个有意思的现象；当教师提高生活化素材的时候，同学们往往表现出较高的热情和积极性，一旦教师回到语法、短语上的讲述时，学生则表现出枯燥无味的形态。为更好地体现职高英语中提出的"在用中学，在学中用"，我们一直在追求一种最佳的教学方法——生活化教学，让英语把我们与生活融为一体，用生活理念来构建英语教学大课堂，把创新精神与实践能力有机结合起来，真正发挥英语的交流作用。为此在教学过程中，教师要以学生为主题，以学生生活为素材，营造自然生动的教学氛围。拓宽学生的学习空间。真正做到"从生活中学习，在学习中生活"。让学生在英语课堂教学中感受到生活化的教学氛围。

五、职业英语生活化教学的评价

要让职业英语生活化教学实施得更好，必须有一套评价标准，目前的评价标准很多都不成熟，要继续改进。评价体系中应包含很多指标，例如，学生的认同感、生活化教学效果等。英语生活化教学在职业学校中应用并不广泛，还处于初步阶段，所以，一个优秀的评价方案是必须保证的。评价系统方案如果处理不好，将直接影响生活化教学的实施和改善。通过评价，可以让学校、教师获取英语教学相关的反馈信息，根据反馈信息进行适当的调整，优势的地方继续加强，薄弱的地方继续改进，从而提高教学水平。针对教学过程中师生两方，把教学评价分为教师教学评价和学生发展评价。

（一）教师教学评价

一个良好的教师教学评价系统，一方面，可以提高教师教学的积极性；另一方面，可以带来整个英语教学质量的提高。英语教师在教学中不但要关注学生的情感，营造宽松、民主、和谐的教学氛围，更要挖掘生活资源，让学生主动、愉快地学习英语，在学习英语的过程中体验到无限的乐趣。英语教学的"生活化"，其一，是将英语教学活动置于现实的生活背景之中，将学生从抽象、虚拟的课本堆中解脱出来，给学生感受自然、社会、事实、事件、人物、过程的机会，使学生在与实在世界的撞击、交流中产生对世界、对生活的爱，从而激发学生作为生活主体参与活动的强烈愿望，自发地、主动地去获取知识，让他们在生活中学习英语，在学习中更好地生活。其二，是通过课堂载体在生活化的活动中学习生活实用的口语，这样不仅使他们获得有活力的生活化的英语知识，而且掌握了生活化的、实用的、常用的交际英语，并使情操得到真正的陶冶，使人文素养得到真正的提高。

1. 注重参考学生的反馈

不管是传统的教学方法，还是生活化教学，学生始终是接受知识的主体，教学效果的成败可以直接从作为接受知识的主体的学生来判断。生活化教学实施的好坏也应该从学生的角度去掌握。学生的意见可以帮助改进生活化英语教学，只有学生觉得在受教育过程中比较轻松，才能够很好地学习。学生的反馈更多是为了让自己能够更快、更好、更扎实地学习英语，这点和教师、学校的目的是一样的，都是为了实施更好的教学，全面提高学生的综合素质。某些学校，只是关心教学任务以及教学检查，并没有花很多心思在学生上面，对于学生的意见也只是走下形式，没有去真正地解决，最后造成学生对教学失去信心，对学校失去信心，并最终导致整个教学工作的效率低下。职业学校通过每一阶段各种形式的调查，如问卷、访谈等，就可以实时地掌握生活化教学展开的状态，以及存在的缺点。将整个教学沿着大多学生的意愿发展，让学生快乐地学习。

2. 注重教师教学热情状态

在评价体系中更多地关注教师的教学状态，教师作为授课者，很多时候，教师的心情和状态直接决定了教学的质量和效果。教师的状态影响着学生的学习积极性，试想如果教师上课精力不济、谈吐不善，学生必定不会投入饱满的精神。所以，为了保证教师上课的状态，这将作为评价系统中重要的一项指标，作为对教师的教学质量评价参考之一，跟教师绩效、薪资直接挂钩，促进教师对其的重视。

3. 注重评价反馈对生活化教学的改善

结合学生对教学课堂的反映及对教师状态的调查，经过整理，分析出教学中存在的问题，加以改善。始终围绕学生自主性的发展、自信心的建立，教师教学方法的优与劣展开，如果有利于上述特征的发展，则应该被生活化教学继续发扬，若带来负面影响，则应该及时刹车，避免使生活化教学进一步恶化。这就像一款产品的用户体验，通过学生"用户"对生活化教学的体验，提出建议、意见，校方、教师根据收集到的意见进一步改进生活化教学方式方法，让生活化教学发挥更大的作用和效果，给学生带来英语学习能力的提升以及综合素质的提高。

（二）学生发展评价

一个学生可以得到良好的发展，始终是教学教育的最终目标，所以，如何对学生发展做出合理、公正的评价对学生来说显得尤为重要。职业英语生活化教学，就是将学生的生活、今后的就业岗位与英语学习融为一体，让真实、自然的生活英语走进学生视野、进入英语课堂，让学生在生活中学英语、在学习中用英语。因此，通过"生活化英语"的教学，英语教学与生活便紧密地结合了起来，使学生的生活世界充满英语，学生在丰富多彩的"生活世界"里尽情地吸纳英语的"营养"，课堂教学便成了课堂生活。生活化的学习情境、生活化的教学话题、生活化的课堂活动、教学环境生活化、教学内容生活化，使学生在潜移默化中提高了使用英语的能力，从而大大提高了英语教学效果，提高了学生英语基础水平和职业能力，促进学生文化素养与职业素养的协调发展。

1. 注重教师对学生学习的反馈意见

学生走进学校，大部分时间都是和教师进行接触，优良的师生关系使得教师对学生有一定的认识和了解，教师可以根据不同的学生提出不同的建议。让学生在发展的过程中认识自己，能够做到结合自己的性格和优点。教师在进行教学时，很多情况下是与学生的一种互动，学生的具体情况教师一般都比较清楚，教师的反馈意见往往能够全面地展示出学生的状态及发展情况，方便对学生做出及时的评价。教师一般都是教学过程中传授知识的主体，学生接受知识的快慢、深浅往往可以马上得知，教师自身也可以根据对学生接受能力的判断适当改变自己教学的方式方法。也就是说，教师更加了解学生，学生在生活化教学的过程中的发展，很大程度上可以参考教师的反馈意见。所以，评价系统参考教师的建议或意见，对学生的发展有着重要的作用。

2. 注重学生对语言的综合运用能力

在对英语生活化教学做出评价时，主要考虑的应该是学生的综合运用语言的能力，通过对学生这方面能力的调查来反映生活化教学实施的成效。英语作为一门语言，最重要的还是用来沟通，学校可以通过说、写、听等方式，对职业学生进行阶段性的测试，包括口语表达能力、听力水平、写作能力。当然测试方法也要有别于传统的方法，应该多加一些偏向于应用的题型，在做题的时候能够感受一些真实的语境，在答题的过程中感受到真实的生活世界。生活化英语教学注重学生的语言运用能力的同时，也应该注重多投入时间和精力去关注学生日常学习过程中的表现以及情感、态度。最后将这些体现都反映到英语生活化教学的评价中。

3. 注重评价反馈对学生综合能力的改善

在收集到不同阶段的生活化英语教学的评价之后，经过整理，分析出教学中存在的问题，加以改善。始终围绕学生自主性的发展、自信心的建立，教师教学方法的优与劣展开，如果有利于上述特征的发展，则应该被生活化教学继续发扬，若带来负面影响，则应该及时刹车，避免使生活化教学进一步恶化。这就像一款产品的用户体验，通过学生"用户"对生活化教学的体验，提出建议、意见，校方、教师根据收集到的意见进一步改进生活化教学方式方法，让生活化教学发挥更大的作用和效果，给学生带来英语学习能力的提升以及综合素质的提高。

英语生活化教学必须考虑到学生的全面发展，给学生自由展示的空间，多给学生机会参与到课堂实践当中。学生的经历经验以及对生活的理解感悟都是英语教学的宝贵资源，在实施英语生活化教学的过程需要充分地利用这些资源，让学生学会以批判的眼光看问题，学会自我独立地解决问题。同时，有了同学们的积极参与，实践中教师、学生的互动，都可以让整个课堂气氛变得活跃、充满乐趣。从教师角度看教师主体在生活化教学中的诠释，英语生活化教学鼓励教师适当地挣脱教材，有更多的自由对教学内容进行发挥，反对教师照本宣科，英语生活化教学一定程度上赞成英语教师在课程之外寻找题材，从一些新颖的角度去诠释英语知识的学习。教师在某些程度上直接决定教学的成败，富有个性的教师往往能在课堂上抓住学生的注意力，学生也往往能对知识掌握得更好，鼓励教师做出创新、做出改变。随着生活化教学理念的深入影响，英语教学过程中会出现越来越多的学生实际生活的素材，其实给了教师更大的发挥空间，教师进行分析思考之后，跟学生进行交流，找到英语生活化教学的最佳出路，让生活化教学在英语教学中得以完美应用。

当今社会，经济飞速发展，人们生活节奏越来越快，各行各业的竞争也越来越激烈。社会对学校培养出来的人才要求也越来越高。加上现在经济全球化，中国入世以来跟外国的合作也越来越多，外资企业也不断地涌进国内市场。所以如果能掌握好英语，将增加自身的竞争力，有利于未来的学习和发展。所以对于学生英语能力的培养，需要有效的英语教学方法。

职业学生英语基础普遍较差，英语学习动机不强，学习风格也偏向于动觉型。为了改善职业英语教学的现状，应该尽快将生活化教学的理念应用到英语教学中。生活化教学的理念内涵是丰富的，生活化教学的出发点和归宿点都是为了提高学生的学习能力。通过在英语教学中构建生活情境，营造现实生活氛围，让学生更加积极地参与到教学实践当中，让学生在教学中认知生活，在体验生活的同时完成教学目标。

第五章　中职英语课堂教学模式

中职教育在我国教育体系中占据着非常重要的地位。其中，中职英语又是其重要组成部分。随着社会经济的不断发展，我国综合国力的不断提升，国际交流日益密切，更加凸显英语的重要性，优秀的英语素质成为广大中职毕业生就业的一个重要条件。但是现实问题是，中职英语的教学模式单一，一些还停留在填鸭式灌输的状态，导致很多中职学生对英语的学习兴趣不高，中职英语教学的实效性不强。因此，如何打破这种局面，让中职英语教学走出困境，创新教学模式，提高教师的教学水平和学生的英语水平是当前中职教育亟待解决的问题。

第一节　多媒体模式在中职英语课堂教学中的应用

一、中职商务英语写作教学中运用多媒体模式

（一）商务英语写作教学中运用多媒体的必要性

1. 商务英语的学科特点

20 世纪 80 年代以来，经济全球化步伐的加快，推动了社会对英语专门人才的需求，便出现了商务英语。商务英语教学在我国真正开始发展还是最近二三十年的事情，其名称极不统一，有"商务英语""商业英语""商贸英语""外贸英语""经贸英语"等多种说法。在我国，商务英语也有称"国际商务英语"，加上"国际"二字表示与涉外商贸有关。实际上，现在说的"商务英语"更多的是出于实践者口中。

从语言载体的角度来说，商务英语是商务环境中应用的英语，属于专门用途英语 ESP 的一种，但从内容而言，商务英语又不能脱离商务。如同其他 ESP，商务英语是一种特别的文体，强调的是在特定环境中的特种交际；但又有别于其他 ESP，商务英语通常是某个特别工作或行业相关的特定内容与有效沟通能力相关内容的混合。商务英语的特点是：有明确的目的，应用于特定的职业领域；有特殊的内容，涉及与该职业领域相关的专门化内

容。从这个意义上来说，商务英语也就是从事或将要从事商务行业的专业人士所学习或应用的专门用途英语。

商务英语既然是 ESP 的一种，从属于英语，从本质上来讲，既是一种语言教学，更应该是一种技能教学。由于商务英语学习者的特殊性，其教学内容更倾向于语言功能和语言活动，强调语言的输出，重视语言交际能力的培养，目的是使学生获得与其社会目的相关的终端行为能力。就课程体系而言，商务英语可以从横向和纵向两方面考虑。横向指依照行业确定课程门类，如国际贸易英语、管理英语、金融英语等，各专业可根据专业特点确定课程。纵向指按照语言技能确定课程内容，学习者在"听说读写"四个主要技能上所达到的不同高度决定了不同的教学定位。

2. 商务英语写作的学科特点

我国的商务英语写作教学可以追溯到 20 世纪 50 年代。早在商务英语成为 ESP 之前，当时的商务英语写作多称为"外贸英语函电"，主要针对进出口业务的各个环节，教授学生函电的写法，这门课程仅仅局限于外贸专业的学生。20 世纪 90 年代以来，商务英语写作课程应运而生，这门课程与外贸英语函电相比发生了巨大变化。首先，在内容上超过了贸易范畴，包括公司活动的方方面面。其次，在写作原则上，受英美 20 世纪 80 年代兴起的交际教学思想的影响，强调一般交际原则和技巧在商务活动中的具体运用。

商务英语写作教学的目的是培养学生用英语书面语进行商务沟通的技能，商务中书面语交际包括书写通俗易懂、实用高效的商务信函，使用商务文书，使用正式的书面商务英语，使用规范的格式，处理国际商务业务单证等。在商务英语写作过程中必须考虑写作对象、写作类型、写作目的。

商务英语写作教学也重视如结构和功能等语言基础方面的训练，但其教学重点是在商务环境。而传统的环境单一，一支粉笔、一块黑板、一篇范文很难形象地将所讲内容呈现在学生面前，很难为学生提供比较真实的商务环境。学生在商务英语写作过程中经常反映出的问题是，对这类语言的交际知之甚少，缺乏专业知识、实践经验以及对商务英语语言特点的了解，不能用习惯语言和有效的交际策略处理商务中出现的问题。这就导致学生就写作而写作，死记硬背课文和句子，写出的东西往往是东拼西凑，结果是学生对该课程感到枯燥无味、缺乏兴趣。同时，商务英语写作教学应该灵活、及时地反映企业对交流媒体选择的变化。因此，课程内容需要及时更新，以便培养学生毕业后工作必需的技能。

(二) 多媒体环境下的协作式教学模式

1. 协作学习模式的构成

计算机多媒体网络环境下的协作式学习环境主要由两部分构成，即教学模式和学习模式（由于篇幅有限，这里只是讨论学习模式）。学习模式共分四部分：非实时讨论系统（网上讨论区）与 mailing list、教师导学、协作学习和参考资料。

提供英语非实时讨论系统（网上讨论区）与 mailing list 的目的是为学生提供虚拟环境，创造学习英语、用英语交流的条件，实现学生与学生、教师与学生之间的非实时互动与讨论条件，以及学生与学生之间相互解答他们在协作学习过程中遇到问题的条件。

2. 多媒体环境下协作学习操作程序

商务英语写作课协作学习过程包括以下几个环节：任务布置、作业公示、网上讨论与作文分析、问题探讨、上传问题、咨询答疑和任务提交。

（1）任务布置。任务布置要求教师结合相应阶段的教学内容，通过网络公示栏向全体学生公示要求学生在网上协作完成的学习任务，如讨论题目、布置与课堂教学同步的写作任务、设定完成学习任务所要求的时间和作业公示期限等。

（2）作业公示。作业公示要求学生在完成教师布置的学习任务后，在规定的最后期限内把作业提交到网络各学习小组的网页上，供有关组员评析、讨论。

（3）网上讨论/与作文分析。在各小组规定的时间内，由组长负责讨论有关问题，批改、评析成员的作文。

（4）问题探讨。协作学习小组把网上讨论时产生的难以解决的问题上传到讨论区，供所有在线的学生共同讨论，以便在探讨问题的过程中共同提高。

（5）上传问题。在协作学习过程中出现的问题可以向三个目标上传：①上传给各自所在的小组成员，以获得比较完美的解答；②上传给其他小组，或者在网上公示栏中公示，以获得更多人的帮助。前提是该组的成员无法解答或认为某些问题非常重要，且有必要引起大家的共同的关注；③上传给教师，由教师来帮助分析、指导和解答，前提是学生无法给出满意的解答。

（6）咨询解答。要求教师定期抽一些时间在网上公示栏中为学生答疑解惑。

（7）任务提交。学生对学习任务（主题作文）经上述系列"加工"（修改）后，将最终的"产品"提交给教师，由教师负责"验收""评分"。

（三）两种多媒体学习模式不同阶段的辅助教学

1. 准备阶段运用

在准备写作阶段，为了使学生很好地理解和掌握商务英语的文体特点和语用要求，必须为学生准备大量的语料，供其理解和体会。古训"熟读唐诗三百首，不会作诗也会吟"就是这样的道理。在这一阶段，多媒体计算机发挥特有的能力，学生可以自由地在网上选择阅读相关的资料，例如，教师可以向学生推荐与商务英语相关的网站。教师还可以事先为学生准备有关贸易公司的商务资料，供学生阅读模拟。

2. 写作阶段运用

在这一阶段，学生可以运用计算机的编辑、复制、粘贴、修改等功能，自由编辑自己的作品，既省去了重新抄写的麻烦，又保持了书面的干净、整洁。

在这一过程中，还要充分重视电子邮件的作用。在当今的商务环境中，跨文化商务交流越来越依赖英语电子邮件，这一特点也应该反映在商务英语写作教学中。例如，可以将学生分为两组，一组为国外的进口商，一组为中国的出口商。为了增强真实感，中国公司和国外公司的命名都带有各自的文化特点，而且公司的联系方式，包括通信地址、电话号码、传真号码、电子信箱和网址都有国家的识别项。除了案例简介，还为学生设计了询价、还价、落订单到投诉和理赔等。通过这样的联系，使学生加深对商务英语的文体特点和语用策略的掌握。

3. 评价阶段运用

教师对学生写作情况进行形成性和终结性评价，以便密切跟踪学习和自学动态，及时调整教学计划和方法。具体来说，教师应对学生写作水平进行总体衡量，以确定合适的教学方案并对学生进行适当分组；通过计算机管理系统和其他途径收集相关数据和资料，对学生写作水平进行定期检测；检测评估学生英语写作的自学情况，包括自学手段和方法、自学材料的收集、自学频率、时间和成果等。

对于学生网上提交的作业，教师宜采取公开和个别的反馈形式。与传统的教师一个人评改学生作业不同，在网络环境中，教师可以把学生的作业公开发布，学生可以通过网络对别人的作业发表意见，也可以看到同学和教师对自己作业的评价，这种评价和反馈是双向、公开的，学生会因为"怕出丑"或期待赞赏而努力完成高质量的作业。教师如果需要对某学生的作业给予个别反馈，可以通过电子邮件来完成，个别反馈在一定程度上能保护学生的自尊心不受伤害，也可以加强师生之间的感情交流。

4. 多媒体教学模式的实践操作

基于目前中职英语多媒体教学中暴露出来的问题，为保证教学效果，建议采取以下策略来完善多媒体计算机辅助商务英语写作教学模式：

（1）选择先进教学设备与培养学生的英语学习兴趣相结合

学生是学习的主体，不管采用何种教学方式，学生的主体地位是不能忽视的。众所周知，兴趣是最好的老师。如果学生对英语学习没有兴趣、没有动力，就很难有好的学习效果。因此，在运用先进教学设备的同时，注意培养学生的学习兴趣还是很重要的。

（2）教师培训与学生培训相结合

为了更好地利用多媒体设备及课件光盘，应该对参与多媒体教学的教师和学生进行短期培训，使之明确多媒体教学的目标、多媒体设备的基本操作规范，这样在集体上机时才能有效地解决技术上的问题。尤其是学生刚步入多媒体教室时多少有些紧张，如不经过培训，会有很多时间花在弄清多媒体设备的操作上，学生会产生焦虑感，为浪费有限的上机时间而不安、懊恼，甚至会对多媒体教学产生厌倦感。

（3）学生上机（人机交流）应与课堂教学（人际交流）相结合

不能忽视课堂教学，网络教学系统替代不了教师，上网学习也替代不了课堂教学。在学生的自主学习不够理想且学时较少的情况下，教师组织好课堂教学是关键。在实际的多媒体辅助教学过程中，教师也要及时根据所教内容适当地进行讲解，考查学生对语言知识、语言技能、交际技能的掌握程度。

二、多媒体在中职英语口语教学中的应用

（一）中职英语教学相关概述

1. 中职英语口语

中职英语是一门实践性很强的学科，既包含知识，又包含应用技能。"以学生为中心"的语言教学更关注学生的交际活动过程，强调师生、生生之间的互动，力图创建仿真的语言环境，使学生在完成任务的过程中提高语言综合应用能力。

从中职英语口语的基本内容来看，基本分为两类，即日常交际用语和职业场景英语。日常用语主要是介绍生活中常用的话题，比如，问候语、谈论天气、健康、饮食、仪表、运动、娱乐等话题；而职场英语主要是围绕学生未来的职业场景展开对话，比如，旅游专业的学生要学会在机场接团、预订酒店、安排餐饮、预报天气、介绍购物和景区等情景英语。根据中职学生的特点，给予学生口语学习的任务，强调情境性和实用性，从而帮助中职学生学习、掌握与职业相关的语句和句型，最终达到自由交流的目标。

2. 多媒体课程整合分析

课程整合意味着对课程设置、各课程教育教学的目标、教学设计、评价等诸要素进行系统的考虑与操作，也就是说要用整体的、联系的、辩证的观点，认识、研究教育过程中各种教育因素之间的关系。

多媒体信息技术与英语教学整合的目的是提高教师的教学效率和学生的学习效率，教师和学生在整合的过程中是主要的实践者。要实现整合的目的，要求教师和学生能够熟练

地运用信息技术，并且有意识、合理地运用网络技术去解决教学中的相关问题。师生的信息素养关系着整合的有效性和英语教学的质量。教师只有熟练地掌握多媒体技术并能快速解决一些常见问题，才能按照英语整体教学的要求，运用多媒体网络技术营造合适的信息化教学环境，同时，将自己融入这种教学情境，引导学生学习。

（1）信息技术在学科教学中的性质与作用

在学科中引入信息技术是为了有效实现学科的教学目标。不论是信息技术，还是其他设施设备，都是通过有效支撑教与学的步骤来发挥作用的，性质与作用就是教学工具。换句话说，就是支撑教与学过程的有效手段。总之，信息技术与常规教学手段是同等性质的教学工具，但作用却是常规教学手段不可相比的。

（2）在学科教学中何时引入信息技术

在教学过程中，只有当常规教学手段支撑教与学活动存在困难，信息技术能够有效解决或能够提高质量时，才有必要引入信息技术手段。要想利用信息技术辅助学科的教学，关键是要找准教学过程中困难的教学环节或步骤，在此基础上研究如何利用信息技术解决这些困难。

（二）多媒体环境下的中职英语口语教学模式

1. 模式的建构

多媒体教室是课堂教学改革的重要环境，其功能支撑的教学内容是新旧知识学习的衔接和学科体系的构建；支撑的教学步骤是创设情景、布置任务、示范讲解、讨论交流、评价总结等环节；支撑的教学形式是利用各种资源和软件，引导学生自主学习，也可以让学生互动交流。当前，中职英语口语教学模式存在的突出问题是学生口语练习时间过少，发音不标准无法及时纠正指导，学生课后练习不易检查，考核评价采用口语测评难度较大。基于语音识别技术的网络环境下的中职英语口语教学，是以互联网为英语口语教学的平台和环境基础，利用语音合成和语音识别技术，结合网上丰富的口语资源进行学习，实现人机对话口语练习、网上交流、作业评改和口语测试。在网络环境下，充分发挥其资源优势，通过协作和交流，实现英语口语自主学习的建构，让学生真正成为教学的主体和中心，教师成为教学活动的组织者、指导者、帮助者和促进者。网络平台为学生的英语口语学习活动提供了教、学、评一体化的学习环境，通过对网络技术在英语口语教学中的优势分析，建构网络英语口语教学模式。

2. 应用情况及结论

总之，基于语音识别技术的网络平台对中职英语口语教学的各个重要环节进行整合，以培养学生口头表达能力为根本目标，以行动为导向、以任务为载体，"说中教""说中学""说中评"，围绕英语口语学习的关键环节"说"进行突破，利用视频、人机交互、语音合成和识别技术、口语评测技术让每个学生都能行动起来，解决了传统课堂教学和利用多媒体幻灯片平台教学中存在的口语练习时间不足、相互影响、说的准确度不可测试、口语作业不易检查、口语评价不能量化等问题，建立了从课堂练习、课后作业、考核评价、口语实训全方位、立体化的整合模式。学生是按照自己的心理特点和认知水平来学习和掌握知识，这种学习是学生主动参与，他们得到了真正的锻炼，从而也提高了口语表达的能力。网络技术与英语学科教学的整合对教学思想、教学理念、教学模式，甚至对教学体制都将会产生深远影响，我们将在今后的教学中大胆实践，不断加以完善。

（三）多媒体辅助中职英语教学的基本原则

1. 目的性原则

目的是多媒体辅助英语课堂教学的出发点和归宿，落实在一节课中就是目标。目标指导和支配着一切课堂教学活动。目标要切合实际，不能太高，否则学生容易失望，影响情绪；也不能太低，学生很容易达到，也起不到激励作用。所以确立目标时，要遵循"最临近发展区"理论和"1+1输入假设"理论来设计，力求合理可行。

2. 整体性原则

整体性原则包含两个方面的含义。一是多媒体辅助英语教学所承担的对象具有整体性，在教学中要把丰富学生的精神世界、促进他们的心理发展，与增强学生体质结合起来，要注意学习者的生理、心理与智力技能的和谐发展，提高学生的整体素质。二是多媒体辅助英语教学系统具有整体性，多媒体辅助英语教学系统是由相互联系、相互依赖、相互制约的四个要素——教师、学生、多媒体信息、多媒体技术组成的，即组成的有机整体。四大要素具有各自独立的地位和作用，但同时又是作为一个整体在发挥作用。要使多媒体辅助英语教学的功能得到充分发挥，取得最佳效果，必须树立整体观念，适时处理好各个要素之间的关系，使各要素在完成具体的目标过程中实现有机配合，使多媒体辅助英语教学整体功能得到最充分的发挥。

3. 视听与思考结合的原则

在多媒体辅助英语教学中，视听与思考紧密相连、不可分割。多媒体辅助英语教学不能没有视听，但只有视听没有思考也达不到多媒体辅助英语教学的目的。视听与思考相结合的原则，就是多媒体辅助英语课堂教学不能使学生的认识仅仅停留在感性阶段，而必须从感性上升到理性，由形象思维向抽象思维转化。在多媒体辅助英语课堂教学中，要注意语词与图像的统一，既要为学生提供丰富的事物的具体图像，又要善于运用词语进行恰如其分的讲解，使多媒体演播和教师的讲解密切配合，做到演播适时、讲解恰当。对学生的要求是在认真看和听的同时，还要积极地思考，要带着问题去看和听；在看、听后，要通过讨论、问答、对话、实习作业等，将视听得到的知觉形象和表象转化为概念，从而获得英语学习的知识。

4. 媒体选择与组合的最优化原则

媒体的选择与组合应是目前条件下最好的。选择媒体要考虑教学的需要和媒体的特点与功能。可以这样说，无论用什么样的媒体来教学，都可以让学生学到一点东西。但是，不能说无论用什么样的媒体，都可以使学生所学的东西同样多、同样好。各种媒体都有不同的功能和特点，没有一种万能的媒体。某一种媒体对某一种教学活动来说，可能会比别的媒体更有效。但是没有一种人人适用、处处适用的万能媒体。选择媒体时，要选择那种能够获得更好效果的媒体。使用多种媒体比只用一种媒体的学习效果好，因为教学包括许多环节和步骤，需要多种媒体配合。也因为多媒体可以使学生通过多种感觉器官去接受知识，从而增强学习效果。

5. 及时准确的反馈原则

多媒体辅助英语课堂教学必须有反馈通道，利用反馈来实现调控。所谓反馈，就是从教学对象处获得信息，以作为调控教学过程的依据。学生对教师的教学做出的反应是反馈；教师对学生的反馈做出评价，也是一种反馈。尽可能多地获取教学反馈信息，也是搞好教学的一个重要条件。

6. 效益性原则

多媒体辅助英语课堂教学要讲效益，不能是无效劳动，要讲教学效益，也要讲社会效益和经济效益。教学要从学生、社会、国情出发，要有利于学生的发展，适应社会的要求，否则就不会有生命力。

7. 就业导向性原则

中职英语口语网络教学平台的构建必须具有明确的目标定位。根据中职学生培养的总体目标，以就业为导向，结合学生英语基础薄弱、缺乏学习动力和学习信心的现状，在音频、视频的选材上，以贴近学生英语水平、模拟学生就业岗位的典型任务为目标，最大限度地实现"学以致用"，让学生觉得英语口语的学习对将来的工作是有帮助的，从而激发学生的学习兴趣。包罗万象、不加筛选会导致定位不明、不具特色，以传统的应试教育模式为目标是构建中职学生英语口语网络教学平台的一大误区。

第二节　微课模式在中职英语课堂教学中的应用

一、微课在中职英语阅读教学中的实践

（一）微课的定义及特点

1. 微课的定义

微课作为一种新的教学资源形式，已经成为众多学者研究的热点。很多学者对微课的含义做了深入研究，其总体的核心意思基本是一致的，但是尚未形成统一的概念。总之，微课程含义的界定如下：微课程是以教学视频为主要载体，针对某个学科的知识点（如重点、难点、疑点、考点等）或教学环节（如学习活动、主题、实验、任务等）而开发的一种情景化、支持多种学习方式的新型网络课程资源。包含与教学相配套的"微教案""微课件""微练习""微点评""微反思"等其他辅助性教学内容，适合在线学习、移动学习或碎片化学习，通常以 3~5 分钟为宜，最长不超过 10 分钟。

2. 微课的特点

（1）时间短，容量小

"微课"短小精悍，最长不超过 10 分钟，资源容量较小，学生可以将其下载到电脑、手机等设备，根据需要随时随地进行学习。教师利用微课在短时间内将某个知识点传授完毕后，课堂上就可以省出更多的时间去组织课堂活动，指导学生学习，为学生答疑解惑，使学生真正成为学习的主体。

（2）主题性强，内容具体

微课虽容量小，但主题性强。一个微课就集中解决一个知识点、一个问题，更具针对性。教师通过事先对知识的梳理、分析，筛选内容，从与学生日常生活息息相关的话题出发，激发学生的兴趣，确定微课的主题，明确重点、难点及采用的方法和策略，并对重难点进行突破，使学生更加易学、乐学。

（3）课程选择具有独立性

每一个微课程通常只解决某一个具体问题或一个知识点，因此，在一系列微课程中，各个微课程之间是相对独立的，学生可以各取所需自由选择学习内容，反复学习、观看难以理解的微课程。微课内容的这种独立性可以帮助学生提高学习效率，有利于学生构建自

已的微课程知识体系。

（4）具有较强的操作性

微课学习方式灵活，易于使用，操作简单方便。现在的学生几乎人人都拥有一部移动终端设备，学生可以充分利用碎片化的时间随时随地学习。而微课程视频容量较小，并且对学习者的技术水平要求不高，学习者能够方便地下载或在线观看。

（5）资源组成丰富，情境真实

微课以教学视频片段为载体，教学资源丰富，包含教学设计、教学课件、教学反思、学生的反馈意见和学科专家的点评，构成了一个主题鲜明、类型多样、结构紧凑的"主题单元资源包"，营造了一个真实的"微教学资源环境"。广大教师和学生在这种真实、具体的教学情景中，易于实现"隐性知识""默会知识"等高阶思维能力的提高，教师可以不断提升教学水平，促进专业成长；学生可以提高学业水平和学习能力。

（6）反馈及时，针对性强

常规的听课、评课活动耗时长、效率较低，而微课时间短，教师能反复观摩自己授课的情形，找出不足之处，针对性强。较之常态的评课，微课评课更加客观，教学信息反馈更加及时。教师之间可以互相学习，切磋交流，是教师专业水平得到快速提升的有效方式。

（二）引入微课优化中职英语阅读教学

1. 改变常规阅读课堂模式，增添新鲜学习体验

中职院校的学生英语阅读学习现状普遍堪忧，如没有扎实的英语基础，缺乏良好的学习习惯，畏难、厌学情绪严重等。但作为信息技术时代的年轻人，信息技术已经走入他们的生活，他们对于电子产品、影音文件有着浓厚的兴趣，微课正是借用这些平台搭建起来的课程学习产物，可以有效地吸引学生的注意力，为其增添新鲜的学习体验。微课时长有限，可以克服这些学生听课容易走神的坏习惯；微课资源丰富，可以提高这些学生的学习参与度；微课重点突出，可以有效解决这些学生的阅读学习障碍，建立继续学习的自信心。

2. 改变常规阅读教学模式，注重阅读能力培养

传统的英语阅读教学依靠阅读文本，缺乏与实际生活的联系。中职英语阅读教材特点一是内容广泛、词汇量大，而流利顺畅的阅读要求学习者的生词量不能超过10%，一旦阅读材料专业性过强、生词偏多，学生会立刻失去阅读兴趣，培养阅读能力就成了一句空话。在这种情况下，微课的出现极大程度上缓解了这一矛盾，教师可以利用微课进行趣味性阅读前积

累，降低阅读难度，包括对于专业性知识的提前供给以及对于词汇积累的集中指导学习。二是阅读材料篇幅长。偏长的篇幅使语篇分析能力成为决定阅读能力高低的一个重要指标。中职的学生在英语阅读中总是过度关注字、词、语法，对于语篇阅读无法形成概念。在这种情况下，微课的出现再次帮助学生在阅读前扫清阅读障碍的同时，建立篇章整体阅读概念体系，从而顺利进入整体阅读、整体理解。三是语言原汁原味，文化背景性强，中外文化差异直接影响学生的阅读速度和理解程度，有效使用微课进行文化介绍后将事半功倍。在实践中，这些微课资料要求学生在课前完成学习，课上针对学生学习后仍存在的困惑进行再次梳理或针对教学目标进行巩固实践，形成"翻转课堂"的新型教学模式。

3. 改变常规阅读学习模式，培养自主学习意识

教育改革的浪潮呼吁教学应遵从以学生为主体，以教师为主导的教学原则，微课的模式恰恰适应这一原则。由于其具有可移动性，阅读学习不再拘泥于课堂，学生可以在更宽松的环境下进行个性化自主学习，不仅可以选择学习的时间和地点，而且可以选择学习的内容与时长。例如，对于阅读难点的反复观看可以帮助学生逐步理解，并发现知识薄弱地带，进行有侧重点的再学习；对于阅读技巧的系列观看，可以帮助学生融会贯通，在阅读中进行实践，从而达到知识的迁移。此外，微课提供多种形式的教学资源，学生可以根据学习情况和爱好自由选择。因此，微课在很大程度上解放了学生的学习主动性，把学习的主动权归还给学生，培养了学生的自主学习意识。

(三) 中职英语阅读微课教学注意事项

在实际的中职英语阅读教学过程中，微课的运用还应该注意以下几个问题：

1. 常规化

督促学生进行常规化微课学习，并注重反馈交流。中职学生个体差异明显，微课可以提供自定义学习进度，帮助学生在课前自觉进行适合自身程度的阅读练习，为"翻转课堂"提供必要的准备。同时，微课提供评价交流平台，方便学生课后的继续学习。

2. 重复化

微课"小而精"的特点要求教学中要语言干练、简洁，但视频具备重复播放、暂停、后退等功能，因此，教师应鼓励学生对于难点、重点微课要反复观看，多次理解，最终达到融会贯通。尤其对于介绍阅读技巧的微课视频，应在观看与实践中反复进行，直至其转化为学生的真实内在技能。

3. 模块化

在知识传授上，微课强调"点"，只针对某一知识点或某一教学环节；传统课堂

体现"线"，是多个知识点并列或递进的学习以及教学过程的整体呈现。传统课堂上师生、生生间的交流以及多渠道的思想碰撞是微课视频不能替代的。因此，我们要正确处理微课与常规英语阅读课堂的关系，让微课作为一个模块隐嵌于常规课堂教学，并成为其有益补充。

二、微课在中职英语听说教学中的实践

（一）微课在中职英语口语教学中的应用

1. 增强师生的互动性

中职英语口语教学中，师生互动不强，仅有的互动也多是课本内容的简单重复，对学生学习内容拓展不足，个人能力发挥不出来。微课建构主义提倡以"学生为中心"进行教学，其中心的转变使得教师的角色也由传统、单纯的"教"变成咨询者、组织者、指导者、微课资源提供者、协调者、管理者和评价者等多个角色。在引导和微课促进的过程中，慢慢培养学生对英语口语的兴趣，逐步培养他们的表达能力，从而真正做到培养学生理论与实践相结合的能力。在这种"以学生为中心"的微课教学模式中，学生多数时候是在教师的指导下，可以自行选择相应的学习内容，把握学习节奏，从而有利于他们积极参与教学的各个阶段，继而主动获得知识。基于微课的口语教学没有时间和空间的限制，这种学习的便利性和自主性让教师的角色也发生了根本转变。教学的真正意义不是教会什么，而是让学生知道要如何去做，因此，教学过程中更强调教师的亲和力、感染力，需要主动走到微课学生当中，和他们一起学习，和学生一起合作教学。比如，教师既要分配任务，确定学习目标、考核方式和检查制度，又要帮助每个小组确定每个人的具体任务，以及相互交流的方式和最后达到的教学成果，等等。教师通过对课堂有效的组织和调控，激发学生的学习意识和欲望，从而刺激自主学习的兴趣。

2. 采用基于多媒体和网络的微课模式

在语言学习过程中，如果仅仅具备语法和词汇知识，学习者不会利用现有资源进行下一步微课学习，学习能力不会提高，效果也不会明显。传统的中职口语教学，信息往往局限于教材给出的内容，由于信息的局限性，真正留给学生进行有效语言模拟的机会很少，而且形式单调。基于微课的口语教学，可以弥补传统的口语教学背景知识介绍少、介绍时间长、效果不明显等方面的不足。教师通过整理网络资源，利用视频或音频等媒体手段，直接以微课的形式向学生展示与学习内容相关的背景文化知识和学习内容。微课将情景和交际有机结合起来，让学生最大限度上感受到语言表达的氛围，有利于他们主动开口。在

人和人交往的微课内容中，语言表达不是唯一的方法，神态、表情、动作等也能起到交流的作用。而传统口语教学由于资源和设备的不完善，不能提供类似的情境，很多学生无法理解说话者的情境和意图，只是单纯地跟读和背诵，没有情感的理解和投入，导致很多时候语言表达不能准确到位。口语课堂上，音频和视频等微课形式的使用能极大地丰富课堂教学内容，为学生的有效输出准备必要的条件。视频和音频的使用能让学生的视觉和听力得到同时的刺激，加深印象，为即将进行的输出做好准备。微课正确的语音、语调是学好口语的基本条件。在传统的口语教学中，由于时间和教学条件的限制，学生很少有机会模仿真人口型进行练习来纠正自己的发音。基于微课的口语教学，学生可以模仿视频中说话者的口型变化、神情，观看他们的神态变化，有助于学生语言表达的准确性和生动性。比如，在教学的过程微课中，教师在用视频进行重点和难点知识讲解后，可以将视频原有的声音进行消除，让学生进行分组配音活动。

3. 增强学生的自主学习能力

建构主义认为，学生才是课堂教学意义的主动建构者。在整个学习过程中，不论是微课学习内容和学习方法，还是学习过程的组织、反思、评价都应该以学生为主体展开。因此，必须进行"以学生为中心"的教学，加强学生自主学习能力的培养。学生的自主学习中，微课容易让学生形成主体意识，激发学习的积极性，并督促自己主动参加课堂各项活动，这样有利于学生学习主体地位的确立。口语教学目标的细化和内容的逐级深化，更是要求学生积极参与。在学习过程中，学生应当自主意识到问题的存在，并要努力去寻找解决问题的方法，找出自己学习过程中遇到的难点与重点。微课是一个从学习到反思再到实践的自主学习过程，如果离开了自主学习，微课学习效果当然不会理想。微课自主学习形式多样，基于微课的自主学习模式，可以让学生从具体情况出发，充分考虑到学生个体差异，完成不同的教学内容，设定差异化的教学目标，激发每个学生的学习潜力。

4. 教学评价的改革

教学评价是提高教学效果的一个重要组成部分，总的来说，教育评价应以教学目标为依据，以科学的标准、有效的技术手段，对教学活动过程及结果进行测定、衡量，并给出科学的价值判断。而大多数的口语教育评价是建立在"以教评教"的基础之上，考核形式单一，评价内容量少，评价考核的主体还是教师，忽视了教学主体——学生的参与，致使教学评价效用不是很理想。要科学、合理评价教学过程和学习效果，必须从多方面着手，改革评价方式。微课基于多媒体和网络的口语教学模式，要求建立以学生评价为主体的评价模式，这个评价过程和结果不仅要看学生的考试成绩，更重要的应该是转向对学生的学习方式、行为，特别是学习效果等方面的评价。口语课堂评价更应该从观察学生如何学习开始，重点是通过微课记录学生在教师组织下怎样进行主动、有效的学习。在微课的教学中，可以通过整理分析各种数据，把教师的指导作用和学生的实践能力联系起来进行评价，科学评价出学生的学习过程和学习效果。

（二）微课在中职英语听说自主学习中的实践

1. 中职英语听说课对微视频的需求

英语听说课教学是一门实践性很强的课程，在只有 40 分钟的教学时间内，教师既要锻炼学生的听说能力，又要兼顾训练学生的写作能力，教学时间非常有限。这就需要提高时间的有效性，运用集图像、音频、动画为一体的微课来帮助学生学习英语的语音语调，用真实的场景烘托英美国家的文化，从而开阔学生的眼界，实现课堂教学目标。

（1）课型和教学目标、内容的需求分析

中职英语听说课的课型对微视频的需求：首先，课前热身和导入新单词、句型这个环节的设置目的是把学生代入一个真实的情境，让学生马上从下课的休息状态回到学习的氛围中来，微视频形象、生动的画面会紧紧抓住学生的视线。其次，对话操练这个活动之前，原有教学模式下教师一般要和某个学生进行示范，由于个人发音的偏差，也可能是示范不到位，耽误课堂时间，如果运用微视频，标准的发音和真实环境以及人物表情都会对学生产生潜移默化的影响，从而促使学生积极参与对话活动，提高其口语表达能力。最后，评价反思时，原有教学模式下一般都是教师口头归纳总结，运用微视频对课堂上的知识进行形象的归纳总结，更有利于学生理解所学知识，在头脑中留下深刻印象。

（2）教学目标对微视频的需求

①知识与技能：通过对微视频课程的学习，能掌握一定的句型结构；观察图像、动画、视频，能流利地描述内容；对于录音机、音频里的对话，能在大脑中快速反应出相关单词；会写出简单的句子。

②过程与方法：运用微视频展示场景对话，引入话题；小组合作，朗读单词和练习重点句型；观察微视频，并进行描述（造句）；能尝试运用微视频在课后反复练习听力和对话。

③情感态度与价值观：通过学习课程，激发学生主动参与到听和说的学习活动中来；培养学生们的观察能力，养成善于思考的学习习惯；通过小组合作学习，使学生主动与他人合作，有良好的团队意识；运用微视频进行课后学习，提高学生的信息素养。微视频课程是听说课，注重听力和口语的实践训练，运用微课进行教学使学习变得生动、有趣。在小组合作学习的过程中，潜移默化地培养学生的情感态度和价值观。

2. 应用视频进行英语听说教学的微课模式

在利用微视频进行听说课教学设计时，根据建构主义学习理论和微学习理论的原则，实现协作、交流和意义建构。

(1) 课前资源准备

根据学生的认知和记忆规律，设计视频内容时，适时引入游戏形式。由于外在环境的干扰和学生的随意心理，学生容易进入无意注意的状态。设计视频材料时，运用鲜明、生动的画面和有趣的游戏，可以吸引学生的有意注意。备课时，不仅要备教学内容，也要准备视频，熟悉视频，放视频前，从头到尾把要播放的视频反复看几遍；准备视频不仅要准备影片文本，还必须准备影片本身。例如，要用微视频来引入对某一场景进行对话时，如果视频里面的人物对话表达太明显，学生就会没有想象的空间和思考的动力。

(2) 以微视频为载体的课堂活动

语言习得理论中的"第二语言习得"机制认为，学习者事先获得的相关知识有利于对语言的理解。因此，观看视频前，教师要给学生解释视频的背景知识，其中一个最有效的方法就是直接介绍背景，让学生猜测内容，由此引出不熟悉的生词，也可以让学生写一写相关的词汇。

观看视频时，教师要考虑到如何促进视频的效果。利用快进、后退播放和重播视频相关部分的时候，提醒学生注意知识性的信息、情节的发展和有特色的语言表达。让学生带着问题去观看。观看视频后，设计形式多样的活动进行对话练习，理解和掌握重要的语言知识，比如，小组讨论、角色扮演、写作和阅读训练等，以达到教学目标和学习目的。在整个课堂活动中，是否能让微视频为听说课教学提供优质的服务，教师起着决定性作用。

(3) 实践反思，巩固练习

教师通过反思课堂教学视频之后，根据学生课堂掌握学习状况，把课堂视频再进行加工和整理成单个的短小微视频，使之成为一个松散但相互连接的知识模块。把这些微型学习视频上传到移动资源库，借助一些社交软件实现师生之间、生生之间的交流与互动。学生可以选择微视频对课堂上没听懂的部分进行反复观看，查漏补缺，也可以对观看过的视频进行评论和交流。教师针对学生提交的信息给予及时反馈，激发学生更强的参与兴趣；对于有特殊或棘手问题的个别学生，可以通过邮件等方式单独进行交流，进行有针对性的指导学习。

(三) 基于微课的听力教学模式的探索

1. 微课应用于听力教学的理论基础

混合式学习是指将面对面学习与在线学习相结合的学习方式。根据该理论，在实际的教学中，微课可以运用于课前、课中及课后教学。课前可以给学生布置一些任务，让学生在线完成相关的教学准备活动，为正式上课做好铺垫；课中，可以通过教师讲授与示范、学生操练、教师答疑、师生研讨等活动来进行面对面的学习和交流；课后可以在线拓展，进行更深层次的学习来巩固练习，促进对重点和难点知识的吸收。

传统的学习模式是学生在课堂上学习显性知识，与之相反，翻转学习（包括虚拟课堂）转变为在课堂外通过观看网上教学视频学习显性知识，而在课堂内主要掌握学习方法，进行知识内化，以及与教师和其他同学共同完成知识汇聚、知识建构、知识融合、隐性知识挖掘等高级学习任务。在英语听力课中，采用翻转学习理论的具体表现为：教师在上课前布置学生观看指定微课（微视频）或相关视频及文字材料，获取显性的知识；教师在课中引导学生对微课中的内容进行吸收、思考、解析，并学会自我反思。

2. 基于微课的英语听力课程模式

课前微课设计制作：在上课前，教师要根据学生的学习需求及听力材料内容进行需求分析。一方面，教师要制作传统的课件、教案；另一方面，教师还要制作跟听力材料配套的微课视频。微课设置指导原则就是要提高学生的英语听说能力，在微课视频中，教师要把重点放在每单元的培训技能、知识重点、知识难点以及相关知识点拓展。视频长度应在15分钟以内，教师要确保微视频内容全面、生动，讲授要清晰、明确，可以采用包括Flash动画、视频、讲解等呈现方式。教师还可以在微课里添加相关的文字材料，课后补充听力内容及课内听力测试题。学生首先要对教材的内容进行预习，利用网络学习及移动学习等多种方式学习教师上传的微课视频，可以对新知识进行自主学习，包括相关背景知识、重点知识和难点知识，可以反复听有难度的句子，并记录自己在预习过程中遇到的疑惑及问题，也可以在线与教师交流相关问题。总之，教师依据需求分析制作相关教学视频，学生基于教材对教师发布的微视频进行预习。教师和学生的角色变成主导和主体的关系。

3. 课堂中微课教学模式的作用和师生角色的定位

在微课课堂上，教师和学生的角色跟传统的角色有所不同，突破传统教学中教师主动地教，学生被动学习的局面。学生可以首先向教师和其他同学反馈在课前预习时遇到的困难和疑惑，教师可以针对这些困难和疑惑给出一些具体的学习任务，让学生们以3~4人一组分组交流和讨论，共同完成这些任务。任务完成后，每个小组可以派一个代表向其他组介绍或展示他们的成果或完成该项任务的过程，也可以派一个代表点评其他组完成任务的情况（该代表与之前做展示的代表应不是同一人）。这样在课堂上，学生就有充分的机会来表达自己，各组成员之间能够就学习任务进行深层次的沟通交流和学习。

4. 在课后采用微课来巩固学习效果

课后，教师要充分反思教学过程中有哪些地方需要进一步改进，并且通过网络方式跟学生进一步交流。学生可以把有问题的地方反馈给教师，反思自己的学习过程。教师也可以在网上给学生布置作业，并督促学生及时完成。教师可以通过专门的网络学习平台上传微课视频，或者通过社交软件传给学生，学生在课外可以进一步复习巩固专业知识。对于成绩好的学生，教师可以提供一些拓展知识的微课视频，让这些学生在掌握课堂知识的基础上开阔视野，掌握更多课外知识。对于成绩不太好的学生，教师应该着重让学生掌握及消化课内知识，要反复观看已播放的微课视频，巩固复习。通过这样的方式，教师和学生一块巩固和复习所学知识，更好地优化学习效果。

基于微课的中职英语听力教学有更丰富的教学资源，教学方式灵活、多样，通过资源共建可以不断丰富和拓展资源，且针对性强、可以重复利用、节省重建资源的费用。相比传统的音频和文字材料，生动的微课视频对学生更具有吸引力，能够更好地激发学生的学习动机和学习兴趣。

第三节 翻转课堂模式在中职英语课堂教学中的应用

一、翻转课堂在中职英语听说教学中的实践

（一）翻转课堂教学模式

1. 翻转课堂的定义

翻转课堂的模式已层出不穷、各具特色，虽应用于不同领域范畴，效果也不尽相同，但深入分析，万变不离其宗，以人为本是首要核心。时刻紧跟信息化时代的技术脚步，转化新课程理念下师生的角色观，坚定不移地课改，才能打造出新教育理论下的教改之路。翻转课堂是指重新调整课堂内外的时间，将学习的决定权从教师转移给学生。在这种教学模式下，课堂内的宝贵时间，学生能够更专注于主动的基于项目的学习，共同研究解决本地化或全球化的挑战以及其他现实世界面临的问题，从而获得更深层次的理解。教师不再占用课堂的时间来讲授信息，这些信息需要学生在课后完成自主学习，可以看视频、听讲座、听播客、阅读电子书，还能在网络上与其他同学讨论，能在任何时候查阅需要的材料。教师也能有更多的时间与每个人交流。在课后，学生自主规划学习内容、学习节奏、

风格和呈现知识的方式，教师则采用讲授法和协作法来满足学生的需要和促成他们的个性化学习，目标是让学生通过实践获得更真实的学习效果。

翻转课堂模式是大教育运动的一部分，与混合式学习、探究性学习等其他教学方法和工具在含义上有所重叠，都是为了让学习更加灵活、主动，让学生的参与性更强。传统的教学模式是老师在课堂上讲课，布置家庭作业让学生回家练习。与传统课堂教学模式不同的是，在翻转课堂式教学模式下，学生在家完成知识的学习，而课堂变成了师生之间和生生之间互动的场所，从而达到更好的教育效果。互联网的普及和计算机技术在教育领域的应用，使翻转课堂式教学模式变得可行和现实。学生可以通过互联网使用优质的教育资源，不再单纯依赖教师讲授来获得知识。而课堂和教师的角色则发生了变化，教师更多的责任是理解学生的问题和引导学生运用知识。

2. 翻转课堂教学的特点

（1）教学视频短小精悍

不论是萨尔曼·汗（Salman Khan）的数学辅导视频，还是乔纳森·伯尔曼（Jonathan Berman）和亚伦·萨姆斯（Aaron Sams）的化学教学视频，一个共同的特点就是短小精悍。大多数视频都只有几分钟时间，比较长的视频也只有十几分钟。每一个视频都针对一个特定问题，有较强的针对性，查找起来也比较方便。视频的长度控制在学生注意力能有效持续的时间范围内，符合学生的身心发展特征。通过网络发布的视频，具有暂停、回放等多种功能，可以由学生自己控制，有利于学生的自主学习。

（2）教学信息清晰

萨尔曼·汗的教学视频有一个显著特点，就是在视频中唯一能够看到的就是他的手，不断地书写一些数学符号，并缓慢地填满整个屏幕。除此之外，就是配合书写进行讲解的画外音。用萨尔曼·汗自己的话来说："这种方式似乎并不像我站在讲台上为你讲课，它让人感到贴心，就像我们同坐在一张桌子面前，一起学习，并把内容写在一张纸上。"这是翻转课堂教学视频与传统的教学录像的不同之处。传统视频中出现的教师形象以及教室里的各种物品摆设，都会分散学生的注意力，特别是在学生自主学习的情况下。

（3）重新建构学习流程

通常情况下，学生的学习过程由两个阶段组成：第一阶段是"信息传递"，是通过教师和学生、学生和学生之间的互动来实现的；第二个阶段是"吸收内化"，是在课后由学生完成的。由于缺少教师的支持和同伴的帮助，"吸收内化"阶段常常会让学生感到挫败，丧失学习的动机和成就感。翻转课堂对学生的学习过程进行了重构。"信息传递"是学生在课前进行的，教师不仅提供视频，还可以提供在线的辅导；"吸收内化"是在课堂上通过互动完成的，教师能够提前了解学生的学习困难，在课堂上给予有效的辅导，同学之间的相互交流更有助于促进知识的吸收内化过程。

（4）复习检测方便、快捷

学生观看了教学视频之后，是否理解学习的内容，视频后面的 4~5 个小问题可以帮助学生及时进行检测，并对学习情况做出判断。如果发现几个问题回答得不好，学生可以再看一遍，仔细思考哪些方面出了问题。学生对问题的回答情况，能够及时通过云平台进行汇总处理，帮助教师了解学生的学习状况。教学视频的另外一个优点，就是便于学生学习之后的复习和巩固。评价技术的跟进，使得学生学习的相关环节能够得到实证性的资料，有利于教师真正了解学生。

3. 翻转课堂式听说教学的意义与价值

翻转课堂使"课堂"这一教学主阵地发生了功能性改变，课堂不再是用来获取信息，而是促进知识的内化和应用；课堂不再是灌输的过程，而是生成的过程。翻转课堂教学堪称当前英语听说教学改革的一剂良方。

（1）翻转课堂落实了学生的学习主体地位

在传统教学中，"学什么、怎么学"完全由教师掌控，学生只能跟着教师亦步亦趋，"听不懂，说不出"，听说教学徒有其名。翻转课堂模式下，学生课前根据教师给出的话题，结合自己的情况，借助互联网络、学校局域网、教学配套光盘、iPad、智能手机等，提前获取一定信息，做到先学。课上以学生间的交流互动为主，教师针对出现的问题适当地加以指点，实现"以学定教"。简言之，翻转课堂式的听说课，老师要备课，学生也要备课。学生课前备足了课，做到上课有备而来，课上人人参与，"听得懂，说得出"；课后有反思、有巩固、有升华。这样的听说课才实至名归，才会有助于学生听说能力的发展提高。

（2）翻转课堂为群体教育的课堂教学提供了多样性、个性化的学习渠道

在传统教学中，由于教学进度的限制，学生必须"齐步走"，对不同情况的学生无法进行不同内容、不同要求的教学。同时，统一标准的测评结果很难反映、体现不同水平的学习者付出的努力，这无疑打击了学生努力的积极性。美国心理学家布鲁姆在其"掌握学习"理论中提出，学习完成度＝实际学习时间量/需要学习时间量，即只要条件适当，学习时间允许，95%以上的学生都可以达到优良成绩。翻转课堂不仅为学生提供了反复学习同一内容的可能性，还提供了个性化、不受时间地点限制的学习渠道。由此可见，翻转课堂恰恰满足了"掌握学习"理论的两个条件，即足够的时间和适当的学习方式。翻转课堂下的学习者人人都是好学生，人人都能说出漂亮的英语。

（3）翻转课堂充分利用了数字时代丰富多样的学习资源

学习从室内扩展到室外，从学校移到家庭、社区、博物馆，甚至是飞驰的交通工具；学习内容不仅仅局限于教材内容、教辅资料，社交网站、专题网站等提供的英语影视剧、英语新闻、学术报告、国际会议等，都成为学生获取知识的工具和平台。

（二）翻转式中职英语听说教学实践

1. 提升教师能力的对策

（1）转换教师角色，获得身份认同

"翻转课堂对教师提出了新的挑战，教师的角色与能力是翻转课堂成功的关键。"传统的教师是知识的传授者，从身份视角出发，教师永远处于掌控地位。而翻转课堂中的教师角色却要丰富得多，从单纯的知识传授者分解为课前资源的创造者、技术领域的指导者、课堂活动的调节者、知识交流的同伴、课后反馈的评价者、心理交互的朋友等多种角色。面对多种角色，教师要获得身份认同，才能在教学活动中将自身价值发挥得淋漓尽致，真正成为课堂中的"导演"，为学生创造情境化的学习氛围，引导他们全身心地投入自己演绎的学习角色。因此，教师要付出比传统教学更多的精力，去悉心观察、记录课外课上学生的表现与反馈，洞察学生心理结构的变化，针对差异调整教学模式，促进教与学的高效发展。当然，这更离不开教师自身的专业素养和不断学习的精神。因此，身份认同是一种追求，更是角色转换的动力源泉。

（2）实施阶段培训，提高教师的专业发展

翻转课堂虽然将主体从教师转向学生，可教师的主体性是不容忽略的。课前教学资源准备得充分与完整与否，完全决定了学生的学习效果。对翻转有所了解的学者，都了解翻转课堂中教师拥有多重角色，若仍采取传统的备案流程是远远不足的。这意味着教师要重新学习很多东西，如视频的录制、剪辑与配音，内容的编制，时间的限制，表达语速的调整，学习方法的渗透及互动的设置等都需要精心策划与不断融合，是一项心力耗费巨大的工作。所以，面对新的教学方式与环境，教师必须进行专业培训，如翻转理念的培训、软件使用的培训、教学资源的培训、组织管理的培训等。同时，还要配备一定的师资力量，因为要想将新课改认真地落实下去，一门课程只依靠一个教师是不现实的，需要增加助教，按角色适当地分配教师职责。当然培训形式可以有多种，如利用假期进行校本培训，或走出去进行校外学习。除此之外，还有专家会议、典型应用实例等都可以借鉴学习。因此，教师要拥有足够的热情去利用更多机会，提高综合素养。

（3）师生合作，促进教学相长

基于中职学生合作意识、实践欲望强的特点，师生合作是一种十分有意义的教学促进方式。翻转课堂可以从以下方面建立合作：教师与组长共同参与编写学案，根据反馈信息判断任务的难度与量度，设置合理的任务表单与目标测试题，制订比较完善的学习方案；课堂展示实施知识共享机制，积极采纳每个学生的主观意见，不立即否定，分析学生的理解视角，判断合理性，进行协商，最终提出中肯的意见；师生互评，不但可以让学生认识到自己的不足与优势，而且能够促进教学相长，实现共同发展。

2. 提升学习能力的对策

（1）关注学生非智力因素，培养良好的学习习惯

传统教育思想过于强调智力因素，用智力因素评价学生，致使学生的非智力发展逐渐淡化。非智力因素是智慧行为的必要组成部分，非智力因素不能代替智力因素的各种基本能力，但对智力起制约作用。因此，非智力因素的发展不仅是中职教育中的关键目标，而且可以长期促进学生形成良好的学习习惯。对于中职学生格外突出的学科知识竞争意识、主动性逐渐弱化的问题有所改观，我们提出以下几点策略：①利用情感教育方式增加师生交流，疏导学生心理的冲突，多开导、多鼓励，让学生获得心理上的幸福与依靠，使意志更加坚强，敢于知难而上。②改进课堂组织方式，利用"组间竞赛，组内组长责任轮换制"的策略，增强学生自身的责任感，激发竞争意识，培养学习的热情。③实践方面多增设模拟情境演练与典型示范，为学生提供感情交流的机会，体验到集体乐趣、思维灵感、巩固兴趣。④积极开展心理健康辅导活动，增强学生的自我认同感，并教导学生学会心理调控，密切联系实践，建立正确的人生观与价值观。

（2）利用发展性评价，增强学习信心

所谓发展，指的是教学评价要改变统一的过分强调评价的甄别与选择的功能，而发挥其促进学生发展和教师教学的功能，尤其要实施新课程改革"一切为了学生发展"的核心理念。评价不仅要关注学生的学业成绩，而且要发现和发展学生多方面的潜能，了解学生在原有水平上的发展。

因此，教师对学生的评价要注重学生未来的发展，而不是仅限于学生的眼前状态，应学会激发学生的潜力与信心。首先，教师要有意识地发现每个学生自身的个人魅力与优势特征，学会接受个体差异，因材施教。其次，在面对学生的自卑或自负情绪时，多以正面引导，使学生向良性的方向发展。最后，在常态教学中的考核方法上，要特别注意评价的目的应具有发展性，采用多元评价，从"知识主导型考核"转向"知识、能力、素质协调发展型评价"，由有限时空和单一方式考核转向"1+X"的开放时空和结构化灵活考核。

3. 优化教学模式的对策

（1）优化学习支持服务，提供自助式学习

自助式学习服务一方面增加了学习路径的指导性，另一方面提升了学生的主体意识。

①在学习平台上开辟学习资源专区，教师可以提供多样化的资源，包括学科特点介绍、课程大纲计划、微视频、PPT 文档、学案、目标测试题、典型案例及案例分析方法、配套的精品课程视频等供学生自主选择。其中，微视频要精心制作，知识容量量化，每个主题以项目驱动的形式引入，并录制成 5~15 分钟的短视频，配有难易度适中的习题测验，使学习与测验同步。

②设置技术指导区，提供 FLASH 呈现的学习方法指导、软件安装与使用方法、常出现的软件故障解决方案等，拓宽技术服务领域。

③设置作品展示区，把比较优秀的作品或解决方法展示在平台上供大家欣赏，鼓励学生出谋划策；创设不同的情景，增加学生的好奇心与求知欲，体验学习的灵活性。这样自主式的环境，为学生的自主学习提供了快捷、便利的服务。

（2）调整教学计划，加强实践操作

翻转的实践操作课时分配不足是课改中的问题之一。数据库课程是理论兼实践的专业技术课，缺少实践相当于纸上谈兵。为将学生早期置身于职场实践中，应做出以下调整：

①改变教学计划，在时间上要充分满足，将"自主探究"阶段的一个课时增加为两个课时。

②调整师生间的行为用时分配。原计划中的时间学生占大部分，我们会发现部分学生在实践中仍会有找不到头绪的现象，因此，教师适当地指导与点拨是必要的，所以在发生的行为比例上采取教师占 1/4，剩余为学生准备。

③给予学生阶段性的典型案例尝试，强化操作，巩固知识的连贯性，注重知识的累积与复习，为熟练的知识成果打好基础。

（3）充分利用学校资源，建设校本资源

翻转课堂与传统课堂的区别除了师生角色的颠覆，还有重要的一点是资源形式的彻底革新。传统资源的知识构成过多地依赖于课本教材，知识的连贯性有时很是牵强，而且内容的广度、深度、难度分配不合理，是否适宜于每个学校是存疑的。而翻转课堂中的教学资源是以教材为参考，网络资源是必选资源。同时，知识点的选择是教师根据学情、学校资源、教师能力等现状自行编制而成，实用性强。因此，建设校本资源是翻转课堂落实到位的长久之计，优势之一就是适用性强，便于实时改进。另外，翻转课堂借助网络学习平台作为支撑，有利于校本资源电子库的建设，也方便存储与转移。此外，校本资源便于分享与流传，对于其他课程的借鉴与学习是非常有帮助的。其编制可以包含多种形式，可以由教师和助教合作完成，也可以包含学生的参与，使其更加全面和实用。

二、翻转课堂在中职英语写作教学中的实践

（一）商务英语写作

20 世纪 80 年代开始，商务英语写作逐渐在我国出现并开始发展，最初主要是针对国际贸易行业，仅仅是很单纯的英语商务写作，后来逐步延伸至经济和贸易领域，教学内容和方法也日新月异，根据需要在不断变化发展。在我国，商务英语写作是国际贸易、国际商务、国际营销、国际金融等泛国际化业务方向高年级的一门实用型技能养成课程，旨在培养学生运用英语进行商务书面沟通，从而达到各种商务目的的能力和技巧。

商务英语写作是国际商务、国际贸易、国际金融、国际营销、专门用途英语、应用英语等专业的一门核心技能课程。该课程为必修课，功能与教学目的是使学生认识、理解主要的商务英语写作类型，具备应用型涉外商务工作者所需要的知识、技能和素质目标。教学内容包括请求函、回复函、投诉与索赔函、理赔与拒绝函、销售函、邀请函与感谢信、道歉信与祝贺信、通知与通告、备忘录与会议记录、简历、申请函、推荐信、意向书、报告调查问卷和商务文件。在课程设置上，前导课程有《商务英语听说》《商务英语综合教程》，后续课程有《商务英语翻译》等。和普通英语写作相比，中职商务英语写作有其独有的特点：①注重实用性，商务书面沟通目的明确，每一份商务文书都具有其自身独有的应用价值；②语言表达言简意赅、用词准确、内容充实。由于经济业务中对时效性的要求很高，商务英语写作要力求简明实用。商务书面交流所传递的信息必须是清楚、准确的，以确保商务活动的准确进行。

（二）中职商务英语写作翻转课堂的理解

中职院校普通文化课程的教学状况普遍不理想，从知识上看，学生以往对于这些课程学习的结果不理想；从学习心理上来看，多年不佳的学习成绩以及老师的责备和冷漠，已经在学生心中积淀下了深深的厌恶感，这一状况的危害性对学生来说是巨大的。近年来，中职毕业生就业困难、社会需要的中职人才规格变化，以及多元生涯发展目标要求、中职的内涵发展等，迫使中职院校进行课程改革。课程改革的核心理念是有效改变教师的教学角色，以生本课堂为主，加强学生在课堂中的主体作用，提升学生的学习能力和培养自主学习习惯。翻转课堂作为一种良好的教学方式可以有效适应这种改革理念，通过课堂的翻转来实现学生和教师之间的互动性交流，更好地体现中职学生的知识需求特点，让学生学

会在学习的过程中结合自己的特点不断进行自我提升。对于中职学生而言，应该侧重于社会的适应性、教学内容的实践性、创造性及学习能力的提升。可以说，中职的教育更多的是需要将书本的知识内容转变为现实的学习和实践能力，需要理论和实践的充分结合才能实现中职学生的学习目标。融合课堂讲解和构建式学习的翻转课堂教学能够更好地促进学生的主体地位实现，同时加强对学生实践的指导性，有效凸显中职院校的教学特色。

商务英语写作作为中职学生一门基础理论与技能并重的课程，写作理论知识以及专业术语较多。在传统课堂教学中，教师会花大量时间讲解理论知识和专业术语，课后让学生写作，学生的习作得不到教师及时修改。周而复始的教学方式使得在培养学生写作技能方面明显不足，更不能体现写作的职业性和实用性。在翻转课堂的视角下，学生需要对学习的内容，尤其是理论知识进行自我整理和消化吸收。然后课堂上，在教师的指导下对写作步骤、谋篇布局、语篇层面的内容进行讨论交流；学生课后通过在课堂上和教师、同学之间的交流对自己的习作进行修改、反思、分享来升华知识。通过有效的教学活动设计，颠覆传统的教学方式，实现教师与学生在教学过程中的交互性，实现教师的主导性和学生的主体性，使学生成为课堂的主角。在这种模式下，教师把课堂还给学生，在很大程度上满足了学生的个性化的需求，实现教学要求的"因材施教"，有利于学生自主学习习惯的养成。当然，受到既有教学方式的影响，要想在当前的中职商务英语写作教学中真正实现翻转课堂的全面应用还是有一定的困难，但是经过良好的教学活动设计，不断提升学生的实践能力，让翻转课堂效果能够有效发挥是完全有可能的。

（三）中职商务英语写作翻转课堂教学设计的基本原则

中职学校的学生从其生源状况来说，英语基础知识掌握较为薄弱，学习热情和学习兴趣不高，存在缺乏学习动机和学习目标不明确等特点，学习上流于形式，学习效率和学习效果不好。但是他们的智力素质并不差，对新事物和新观念接受能力和适应能力较强，也对自己的职业技能学习具有较高的内在需求。为了有效发挥翻转课堂教学效果，根据翻转课堂教学相关理论基础，结合中职学校商务英语写作教学特点，中职商务英语写作翻转课堂教学设计应当遵守以下原则：

1. 主体性原则

翻转课堂的教学核心思想是"先学后教，以学定教"，教学理念是以学生为中心。学生在传统课堂中是知识的被动接受者，而翻转课堂教学倡导以学习者为中心，知识的获取是学习者主动建构的过程。学生的主体性，一方面表现在课前自主学习，学生根据原有知识与新知识相结合，逐渐获取新知识的意义建构；另一方面，体现在课中交流、讨论，课堂上教师发挥引导组织的作用，学生之间相互交流课前学习情况，解决疑惑，相互评价学习，发挥学生的主体作用，这个过程既锻炼了语言表达能力、总结概括能力，又加强了学生之间的合作意识。商务英语写作课程坚持以学生为主体，课堂学习不能是单纯的讲授式教学，在教学过程中要培养学生实际的写作技能，不能只是单向灌输写作理论知识。翻转课堂符合建构主义的"主动建构"与"有意义建构"的理论，有利于学生掌握写作技能。

2. 个别化原则

差异大是中职学生中存在的另一大特点。因此，除了小组协作学习之外，教师还必须对学习基础薄弱的学生给予一定的学习支持，实行个别化指导。商务英语课程是我国高等职业教育的重要组成部分，这门课程的教学目标首先是要培养能熟练使用英语从事涉外商务活动的学生。涉外交际首先要突出听和说，文字方面交际只是口头交际的支持与凭证。或者，初级交际更突出口头交际，高级交际才需要书面交际的强有力支持。教学要让学生学一点，会一点，用一点，突出实际技能的培养，使学生在了解英语写作基础知识的同时，通过模仿、套用模板进行练习和有针对性的习题训练，使学生在潜移默化的实践过程中获得运用书面英语表达思想和传递信息的能力。这对于基础特别差的学习基础薄弱的同学来说尤其重要，对这部分同学的习作，教师可以手动批改，对学生的薄弱地方进行重点讲解和训练，以激发学习者的学习动力，提高学习者的自信心和成就感。通过写作实践，学生能真正做到融会贯通、举一反三、得心应手，提高实际写作能力。

3. 评价方式多元化原则

商务英语写作课程的独特性要求教学评价应以过程性评价为主，商务英语翻转课堂教学应多元化。多元化评价分为教师评价、学生评价、网络自动修改评价。在教学过程中，教师对学习者的知识掌握情况给予及时、准确的评价，根据课程内容和评价量表规定的要求，采用自评、小组互评和师生互评等多元评价方式，全面、客观地评价学习者的学习情况。学习者根据评价信息，及时调整学习。

第四节　就业导向下的中职英语实践教学模式

一、中职英语教学与职业素质培养

（一）职业素质培养

1. 职业素质的内涵

职业素质是一个宽泛而复杂的概念，是从业者对社会职业的认知与适应能力的一种综合体现。主要表现在从业者的职业态度、实践能力、职业兴趣及职业认知状况等方面，是从业者在职业过程中表现出来的综合品质。影响职业素质的因素包括从业者的教育层次、价值观念、道德品质、实践经验、工作经历、生活环境，以及其他一些特征。职业素质是从业者必须提高与完善的个人资本，是人才选用的最高标准。

（1）职业素质的广泛性

职业素质的内涵极其广泛，语言表达能力、组织协调能力、实践动手能力等是职业素质的要求，电脑操作能力、机械操控能力、英语阅读能力等也是职业素质的要求。在进行职业素质培养时，要拓宽对职业素质的理解，一般职业能力、专业职业技能、社会能力等都在培养的范畴。

（2）职业素质的专一性

获取某种职业岗位的能力和素质是职业素质专一性的表现，培养目标明确。通过职业素质教育，学生可获得从事某一项工作需要的较为专一的能力，经过职业素质培训的学生能更快、更好地进入工作状态，尽快适应社会职业岗位的要求，缩短入职后需要较长时间适应的迷茫期。具体的职业要求有不同的专业素质，因此，学生职业素质的培养具有专一性。

（3）职业素质的兼容性

职业素质教育伴随从业者的整个职业发展过程。职业素质教育是相对于其他类型的素质教育而言的。基础素质教育的目标是使受教育者掌握具有普遍性的知识、观念、理论和方法，促使受教育者的身心全面、和谐发展；而在普通素质教育中被定义为"劳动技术教育"的职业素质教育，主要目的是培养受教育者的职业意识和劳动态度及实践能力，这样的定义是片面而狭隘的。职业素质教育存在一定的包容性、互补性和序进性。

（4）职业素质的可变性

随着职业类型的不断细化与更新，对从业者的职业素质也提出了更新、更高的要求。当代的年轻人不可能终身从事一种固定的职业，即使从事一种职业，由于社会的不断发展，对所从事职业的要求也在不断提高，所以职业素质教育应该注重培养学生全面的职业素质、岗位适应能力和正确的职业观。职业素质教育是一种不断变化的、长期的教育，应该不断吸收新知识、新经验，与时俱进。

2. 我国对高等职业教育人才素质的要求

我国社会经济发展对中等职业教育人才素质的要求可归纳为以下几点：实用型、应用性是中职培养人才的特点，有别于高等教育培养的研究型、理论性的高精尖人才；人才层次的定义是高级技能型人才；服务于现实的生产；工作岗位在基层一线。基于以上中职人才培养特点，中职学生职业素质培养的主要内容包括公共职业道德、专业的理论知识、社会及专业能力、技能资格认证。

（1）公共职业道德

职业道德是所有从业人员在职业活动中应该遵循的行为准则，涵盖了从业人员与服务对象、职业与职工、职业与职业之间的关系。从业者的思想观念、认识水平、品德水准、职业态度等内在品质，以行为和作风为载体而外显。中等职业教育人才素质的培养要求首先提高其社会责任感及思想认识水平，改变中职学生公德意识差、道德素质低、自我完善能力弱、是非辨析能力低下的状态。

（2）专业的理论知识

专业的理论知识是指学生按照专业人才培养论证方案，遵循一定教学计划指导下掌握的文化基础知识、专业基本理论及具有基本理论应用的能力。例如，学前教育专业的学生必须学习幼儿心理学、幼儿教育理论等专业理论知识。扎实的专业理论知识及技能是开启学生职业生涯大门的必备条件。

（3）社会及专项能力

任何职业岗位都有自身特殊的一些职业核心能力。不仅包括岗位的职业规范、岗位专项技能、岗位经验及兴趣，还需要积极的工作态度、流畅的语言表达能力、严谨的逻辑推理能力、团队合作能力、公关能力、创新能力、应变能力、总结能力等。

（4）技能资格认证

从事任何职业都必须持有相关资格证书，例如，幼教专业的学生必须获得幼教教师资格证、普通话水平测试等级证、英语等级证等，宠物养护专业的学生必须持有兽医防治员、宠物美容师等证书。职业资格证书是从业者求职、任职的资格凭证，也是衡量从业者资格能力的主要依据，更是学生踏入职场的通行证。

3. 以职业素质为导向的含义

中职学生入职后的稳定性及持久性较差，离职率与岗位更换率均高于专科、本科毕业生。职业素养的培养缺失是造成中职学生频频离职的根本原因。大多数中职院校在人才培养过程中，过分强调就业导向的技能训练，而忽视职业素养的培养。这些具体到中职学生的入职表现有：①职业态度不端正，眼高手低；②自我评价不准确，盲目选择岗位；③对知识的掌握只是处于浅显的表层且较狭窄；④以自我为中心，导致团队协作能力差。

以职业素质为导向，即在教学理念的创立、教学模式的选取、课程的设置、教学内容的选取等方面始终要以职业素质培养贯穿其中，可从学生的日常行为入手，教育、引导、规范学生行为。如用普通话交流、学校及班级行为规范、责任与义务体验、校园活动、公益活动等；潜移默化的熏陶职业意识，在教学中结合职业情境教学逐步渗透职业意识，让学生对所学专业的就业方向及岗位技能的要求和知识的储备有清晰的认识；抓住机会进行职业道德培养，企业参观、行业调查、校园文化节……都是可利用的好契机。"第一"课堂教育具有最直接、最显现的效果。在伴随学生成长的过程中，教师言传身教，坚持以职业素质为导向的育人理念，全方位提高学生职业素养。

（二）中职英语课程与职业素质培养

1. 中职英语课程对职业素质培养的促进意义

中职英语课程是中职学生必修的公共基础课。其意义体现在一方面提高学生运用英语处理涉外工作的能力，顺利完成工作任务，成就事业的阶梯形发展；另一方面，帮助培养学生的职业素质，与思政课、体育课共同为培养全面发展的中职人才奠定基础。

中职英语课程的教学内容丰富，可以从不同角度促进学生职业素质的提高。英语听力材料多涉及不同场景、不同行业的不同人物对话，学生在此过程中可以了解不同行业及职业岗位的语言交流信息及交流技巧。通过阅读材料，学生开阔了视野，了解了不同文化的历史、风俗、科技等，丰富了精神世界。通过课堂口语交流，学生锻炼了心理素质，培养了人际交往能力、协作能力、组织能力等。

英语的学习是语言的学习，学生在这一过程中可以掌握学习的方法与技巧，培养自主学习的能力，并树立终身学习的理念。资料收集与整理能力、语言文字的口语及书面表达能力、目标设置及调整能力、探索与分析能力等职业素质在英语语言学习过程中都得到了不同程度的提高，为未来职业的发展提供了保障。

英语的学习具有长效性，为学生的终身职业发展奠定了基础。掌握了英语语言技巧，能更广泛而快捷地了解最前沿的科研成果及信息，促进职业技能提高。通过对世界各地多元文化社会的了解，养成开放而包容的个性，增加了交流与合作的机会，使学生终身受益。

2. 中职英语课程与职业素质培养的契合点

无论是职业能力中的一般职业能力，还是专业能力或综合能力，这些能力的培养在公共英语教学的不同环节中都可以得到渗透与践行。课堂教学中，听、说、读、写、译的各个教学环节从不同角度提高学生的口语及书面语言组织及表达能力、沟通能力，提高自信心；课外自主学习中，通过大量阅读丰富了学生的精神世界，对事物的认知能力、分析能力也得到不同程度的提高，在感知外围世界的同时，强大了自身内心。很多社会能力其实就是在无形的影响下渐渐养成的，活动实践中，英美文化专题讲座、名著导读、经典影视欣赏、英语演讲比赛这些精彩的第二课堂更是培养学生职业素质的好机会。较之课堂教学，这些活动新颖、有趣，学生乐意参与，在快乐而轻松的氛围里，各项职业素质得到提高。

多管齐下，旨在将职业素质教育渗透于英语课程教学中，将语言基本技能的训练和职业素质的培养有机结合起来，突出实用性、实践性和职业性，全面提升学生就业能力和职业素质。

二、就业导向下中职英语教学改革构想

（一）以职业素质培养为导向的教学理念

教学理念是教学活动规划者和执行者对教学这一特定活动持有的基本观点和态度，是教学活动参与者遵循并践行的信念。教学理念的渗透与执行对教学活动有着极其重要的指导意义。20 世纪初，国外的教学理论者提出了有效教学理念，理论核心是教学的效益。所谓"有效"，就是受教者在接受一段时间的教学后表现出的具体进步或发展，受教者有无进步或发展是衡量教学有无效益的唯一指标，体现在中职学生身上的有效教学即成功培养学生的"首岗适应能力、多岗迁徙能力、可持续发展能力及多项职业素质"。中职英语教学只有坚持以职业素质培养为导向的有效教学理念，才能完成这样的培养目标。

1. 夯实基本功发展专业职业技能

（1）采纳模块教学，夯实基本功

中职学生的生源多为中考成绩分数较低的学生，英语基础薄弱是显而易见的事实。如何在有限的学习时间内达到岗位要求的能力，顺利完成就业的目的是一道极具挑战性的难

题。中职英语教学必须坚持以职业能力培养为目的的有效教学理念，摒弃以往不正确的学术教学理念，紧紧围绕不同行业的职场交际英语的共同性的需求，结合英语学习的听、说、读、写、译等各项技能的培养，采纳模块教学，以对话、短文、应用文写作等形式，务实职场环境下运用英语的基本能力。

（2）与专业相结合发展职业技能

英语教学必须与专业相结合，即结合不同专业的需求深化专业英语的学习，满足职业发展的需要。不同专业可选用相关英语教学内容，在第二学年进行教学，例如，《营销英语口语》《商务英语》《学前教育专业英语》《旅游英语》《酒店服务英语》《文秘英语》。某些专业如畜牧、医药、机电等在英语教学后期加强专业英语的教学，而不是像以往的教学模式，读长篇的英语文章，背生僻的英语单词，记枯燥的英语语法规则。此类英语学习同样也可以采用模块教学。知识是学来的，能力是练出来的，只有掌握在职场环境下运用英语的基本能力——听、说的沟通能力及读、译的专业能力，才能在激烈的就业竞争中成功开启职场生涯。

2. 加强人文教育，培养全面职业素质

职场的竞争与发展不仅需要专业技能，还需要敬业奉献的精神、爱岗敬业的忠诚意识、团队协作意识、吃苦耐劳、为人诚实、有责任感、心理素质好、思维反应快等职业素质，这些都是用人单位非常重视的人才素质要求。素质教育并不是枯燥的说教，而应该以"润物细无声"的形态对学生进行潜移默化的渗透。在中职英语教学过程中，教师应该转变课文只是英语语言词汇、语法学习载体的观念，了解教材编撰者隐含的目的。教师应时刻坚持培养"有才有德"、以人为本的人才培养理念，利用励志谚语、伟人事迹、故事、新闻等，结合教学选择的文章内容或演讲、游戏等学习活动，适时加强人文教育，提高学生全面职业素质。

3. 提升语言优势，增强就业升职机遇

语言学习的根本目的是发挥其工具优势，即有声的语言交际及无声的文化交流。有声的语言交际需要流利的口语、准确的表达、优美的语音语调。无声的文化交流须掌握一定量的专业英语词汇，有扎实的语法知识，这样才能看懂专业的资料。例如，学前教育专业的学生要掌握大量英语儿歌及歌曲、英语小故事等。酒店服务专业的学生须了解酒店基本设施的英语表达及接待与服务英语口语。在中职英语教学过程中，教师应根据专业特点，有目的地提升学生的语言能力，尤其是职场英语口语能力及资料翻译能力，增强其就业升职的机遇。

（二）构建以职业素质导向为核心的中职英语课程框架

1. 以职业素质导向为核心的中职英语课程目标

以职业素质导向为核心的中职英语课程目标设定为强化培养学生在职场环境下运用英语的听、说、读、写、译的各项基本能力；渗透跨文化交际意识与技巧；培养学生的各项社会能力及自主学习能力，全面提升学生的各种职业素养，为学生的就业竞争力及未来的可持续发展打下坚实的基础。

2. 探索以职业素质培养为导向的教学模式及方法

教学模式是在一定教学思想或教学理论指导下建立起来的较为稳定的教学活动结构框架和活动程序。教学法是教授者为了帮助学习者理解教学内容，与其共同完成教、学的任务，在这一过程中与学习者互动所运用的方式与手段的总称。采用合适的教学模式并且优化教学方法，是提高教学质量的重要环节。探索以职业能力培养为导向的中职英语教学的基本出发点是借鉴国外职业教育核心技能培养及评估的理论，以多种语言学教学理论为背景，根据中职英语教学的特点，结合社会工作岗位对英语能力的要求，在长期教学实践的过程中创建的"3S"中心教学模式为基础的教学模式下，以教材为依托，以应用为目的，以培养学生职业素质为导向，优化教学方法，推行科学、实用、动态的中职英语教学。

（三）中职英语教学目标

在教育领域，能力本位理论是十分重要的教学理论，能力本位教育理论是一种以培养学生实际能力为目标的教育理念，它对于学生的成长和职业发展具有重要意义。在应用能力本位教育理论时，需要注重课程设置的实用性和有效性，采用多种教学方法和手段，并与企业和行业建立紧密的联系，以确保学生能够学到实用的知识和技能，提高他们的就业竞争力和适应职场的能力。

1. 运用英语进行社交的专业技能

在职场中交际经常要用到英语，使用英语进行社交要具备一定的技能，这种技能就是中职院校须培养的学生的基础专业知识、逻辑思维、创新思维，以及综合分析问题的能力。另外，英语社交能力还包括对职业工作的过程可以做出正确的评估。学习公共英语的目的是提高学生的英语交流水平，实现学习者与他人轻松用英语交流的愿望，还可以参加一些职业社交活动。在这个过程中，学习者可以用英语表达情感和意见，英语成为语言交流的重要工具。

2. 以集体协作为出发点的社交技能

生活在社会群体中的每一个人都是独立存在的自然人，不仅要有适应社会变化的能力，还要学会处理生活和工作中的各类矛盾和问题。人是社会中的人，不可孤立起来，而且要参加各种各样的社交活动，承担一些责任和义务。国外一些成熟企业对员工进行任务分工，每个任务都有专门负责的人员，并且所有员工之间协作精神很强，交流起来也很顺畅，企业上下员工的交际很愉快。培养员工的团结协作精神很重要，特别是刚参加工作的员工实践经验不足、能力不强，容易产生独立专行的工作方式，所以必须增强这些员工的团队意识。

中等职业教育应注重培养学生的公共英语实际应用能力、与人协调合作的能力及处理实际问题的能力。中职教育培养学生的社会能力，包括培养用英语准确表达情感的能力、与他人互动的能力、综合素质、思想道德水平、职业道德观和价值观等。职业院校的教师要提高自身的综合素质，给学生做好榜样，注意自己的言行举止。职业院校应不断开展丰富多彩的社交活动，使学生树立正确的人生观、价值观，具备良好的职业道德和职业素养，并且学会与他人合作、交流，不将自己孤立起来。中职教育以培养学生的职业兴趣、提高自我学习能力、提高社会技能为目的，进行公共英语课程的安排。

3. 以发散思维进行创新的技能

中职院校应努力培养学生在工作岗位中的业务能力和管理才能，并具有处理实际问题的思维方法和最终决策能力。学生从职业院校毕业后除了要具备一定的专业技能，还要学会用创新思维解决实际岗位中的问题，建立正确的价值观、职业观，将理论知识和实际工作结合起来，学以致用，并在不断实践中逐渐提升自我能力，充分体现出自我价值。这些学习理念要求学生要有较强的英语交际能力，熟悉掌握英语基本知识，领悟其中的语境和相关语法，达到高效学习英语的效果，这样才能为学生未来的发展铺平道路，最终提高学生的综合素质。

依据能力本位理论，中等职业教育实行新的教学方式和评价体系，改变了传统的教学思维方式，针对不同的职业设置不同的教学内容，共同目的就是提高学生的英语交流能力，并应用在实践之中。

（四）中职英语教学内容创新

1. 课堂教学的职业化

中职院校设置的课程都有其教学的具体内容，学生在课堂上可以学习到绝大部分专业内容，提高学生课堂上的学习效率是传授他们知识的好方法。每个学生都有其独特之处，教师要根据学生的不同个性和学习情况来选择不同的讲课方法，充分体现教学的人性化特点，突出学生的主体地位。教师只需要给予学生一定的学习方法和建议，主要依靠学生自主学习，有助于培养学生的独立思维能力和实践能力。教师尽量为学生营造生动、有趣的课堂氛围，教师要具备扎实的基础知识、丰富的教学经验、较强的综合素质。

在英语语言的交流中提高学生的交际能力。中职教育在实行英语教学的过程中会鼓励学生互相用英语交流，目的在于提升学生的英语口语表达能力，有时教师和学生之间也会用英语对话，在一定程度上实现了师生互动，建立了较好的师生关系。教师应积极帮助学生掌握英语基础知识，逐渐提高英语交际能力，提供更多的英语应用机会。学生在英语知识学习和实践中，逐渐将英语交流转化为日常生活中的一部分。职业英语的教课内容中会涉及一些商业用语，可是这些知识只是商业英语中的九牛一毛，无法满足学生未来岗位的需求。因此，教师在进行实际教学的过程中应注重培养学生的专业知识，为社会提供综合素质较高的专门性人才。

课堂英语教材的内容应该和学生的实际岗位需求一致。大部分中职公共英语教材内容对于学生将来就业后的实际英语运用关系并不大，学生将来就业后会阅读大量的英语合同和相关英语资料，如果与在学校学习的内容没有关系，就无法适应将来的就业，不利于学生未来的发展。由此可见，中职院校应该注重培养学生的英语实践能力，针对学生将来的就业岗位选择不同内容的教材，从而让学生在工作实践中有能力解决不同的问题。

为了提高学生的英语成绩，使他们听得懂英语、说好英语、读准英语、写对英语，中职院校应多进行英语听力训练。由于学生学习环境的限制，他们接触英语语言的机会较少，缺乏英语语言环境的学习必然会影响学生英语能力的提高。进行英语课程教学的目的就是要提高学生的英语水平，适应将来的工作岗位，因此，在英语听力训练的过程中，教师应根据学生的实际情况来教学，使其在具体的语境中掌握专业知识。

英语课堂上，教师应选择多种方式进行教学，选择和时事、生活有关的话题，如环保话题、尊老爱幼话题、好人好事话题、人际交往话题等。采用多种话题的方式进行英语教学不仅可以将学生带入具体语境，还可以让他们在潜移默化中提高英语成绩。给每个学生进入语境的机会，让其切身体会其中的乐趣，获得学习英语的自信。

2. 学习内容的职业化

每个学生的英语水平都不一样，英语教学的重点是根据每个学生的具体情况进行有针对性的教学。为了提高学生的英语基础，应让他们多读、多写英语，令其在听说练习中不知不觉地提高英语水平。英语基础训练的内容也应和具体的职业岗位相适应，为学生将来的就业打好基础。为此，中职公共英语教育应注意三点内容：①在课堂中体现英语的趣味性和人文性的特点，课堂上应表现和道德、风俗、职业、电影、艺术品等有关的内容，让学生在学习英语的过程中，提高人文素养和英语实践能力；②将英语知识应用到具体语境中，勾勒出一定的画面来，依据不同的岗位设置不同的职业现场，进行一些常见的英语语境模拟练习，提高学生的英语基础能力；③实现模块化教学，按照职业领域的不同分为法律英语和商务英语等，每个职业对英语的要求都不同，教学目的和重点也不同。

3. 学习方式交互协作化

随着信息科技的发展，教学模式也在不断发生变化，英语教学应和现代多媒体信息技术相结合，建立一个全新、高效的英语学习平台，鼓励学生多和教师进行交流，拉近教师和学生之间的距离，促进英语教学的进行，提高教学质量。与多媒体信息技术相结合的英语教学必然会呈现出自由、高效的教学效果。师生互动的教学方法有多种类型，包括用文字沟通、语音沟通、图像沟通，充分利用多媒体教学的优势，实现教师和学生、学生和学生之间的英语互动学习，最终形成一个完整的网络英语学习系统，达到提高每个学生英语水平的目的。教师在这个英语系统中既是师又是友，不仅可以轻松地完成教学目标，还可以及时地了解学生的学习情况，帮助落后的学生及时补课，顾及每个人的英语学习水平。

第六章　中职英语课堂管理与教学策略

课堂管理是指教师对课堂教学活动的组织、课堂秩序的维持以及课堂气氛的营造等。有效的课堂管理是促进师生共同达到教学目标的支持与保证，同时也是反映教师水平的标志。英语是一门交际性语言，尤其是随着我国对外开放力度的加大，各行各业对英语人才的需要量越来越大，这需要教育能为社会培养出大批合格的英语人才。如何培养学生的英语学习兴趣，认识到英语学科的重要性，帮助他们提高自己的学习成绩，这是摆在每个英语教师面前的重要任务。

第一节　中职英语课堂管理的优化策略

一、学校层面的优化策略

（一）更新管理观念

随着教育现代化和信息化的发展，教育目标、教育政策、课堂结构、师生关系等都发生了重要的改变。但是，基于现行的管理观念，传统的管理主体单一，呈自上而下的层级模式，课堂管理更注重学生外在行为的控制。显然，传统的学校管理模式已经无法完全满足新时代课堂中师生发展的需求。

思想观念是指导行为活动的指挥棒。学校先进的管理观念决定着学校课堂管理模式和管理内容能够朝着正确的方向发展。学校要摒弃现行管理体制中不合理之处，与时俱进，更新管理观念，以保障新时代课堂管理的顺利进行，适应信息时代教育的发展需求。在现代化教育发展的背景下，学校的核心任务是培养学生的知、情、意、行全面发展。学校的管理不是严格的控制，而是顺应学生发展的需求，建立学校、教师和学生彼此互相依赖、互相配合的体系，才能在管理教师和学生的同时，促进教师和学生的发展。

建议中职学校可以根据国务院印发的《中国教育现代化2035》，结合学校自身的实际情况，发挥学校自身优势，创新中职学校管理模式，建立多元参与的协同治理新机制。学校应该重视对软硬环境建设的投入，引进现代化的教学设备，改善办学条件，创建积极向上的校园文化，形成好学自律的校园氛围，为教师和学生建立高效的激励和约束体系。

总之，课堂管理是影响有效教学的重要因素，构建高效有序的课堂管理模式是中职课堂教学改革的必然趋势。中职学校应尽快加入课堂管理改革的队伍，更新管理观念，提高自身的管理水平，积极探索解决当前中职院校课堂管理现存问题的有效措施，创建现代化的课堂管理模式。

（二）更新管理制度

实现中职学校的现代化管理，要推进法治化、规范化、制度化的工作。没有现代化的管理体系，就没有现代化的学校管理。我国中职学校一直在积极探索，但至今仍没有形成具有中国特色的现代中职学校管理制度。长期以来，多数中职学校基本依靠经验的积累来开展管理工作，管理模式单一，主要的管理方式为上传下达，难免有时会与教师和学生的实际需求脱钩，管理工作效率较低。现行的学校的管理制度缺乏延续性，解释空间较大，执行规范性不足，严重影响学校管理水平和效果。

中职学校可以结合学校自身实际，发挥学校自身优势，制定符合学校自身发展、能满足师生发展的新管理制度。中职学校应该更新和健全管理队伍的激励和约束机制，包括对管理层、对教师和对学生的评价制度。中职学校应该不断健全和落实课堂管理制度，让师生有章可循。没有规矩不成方圆。教师的课堂管理离不开学校的制度支持。学校可以制定教师课堂管理评价指标体系。学校可以制定具有可操作性的学生管理制度、学生请假制度、班主任责任等，方便教师和学生都能够明确各种规定和要求。除了完善各种课堂管理的规章制度，学校必须落实各种奖惩制度。否则，课堂管理流于形式，起不到实际的督促和激励作用。条件允许的话，学校应该尽量缩小班级规模，减少教师课堂管理的难度。

中职学校应借助信息化的手段来进行管理，更新管理的手段和方法。管理信息化属于新兴领域，信息技术的变化日新月异，深刻影响着管理的思维和模式。中职学校应该大胆拥抱信息化管理新模式，提高中职学校的管理水平和管理效果。

（三）加强对教师课堂管理能力的培训

课堂管理的核心力量是教师。学校要重视培养具有高管理水平的师资，为教师的课堂管理能力提升做好配套的支持和服务工作，最大限度地产生"学校-教师"管理团队的正效应。

相比于基础教育和高等教育，中职教育的课堂管理难度更大，这就意味着对中职英语教师课堂管理能力有更高的要求，也就意味着中职学校必须重视对教师课堂管理能力的培训。但是根据调查结果来看，目前，中职英语教师的课堂管理意识和能力相对薄弱。中职课堂的管理难度和压力，是一线教师面临的棘手问题。传统管理手段无法达到预期效果，使教师备受打击，逐渐产生失落感，导致职业信念动摇，松懈了课堂上对学生的管理。

面对这些的现状，中职学校领导和管理者应该重视，加强组织对教师进行课堂管理的相关培训，增强教师课堂管理的意识，深化教师课堂管理理论，帮助教师掌握课堂管理的有效方法，提高课堂教学有效性。

有针对性的教学管理技能培训能够直观地改善和优化教师的课堂管理能力和水平。学校可以组织一些课堂管理的学术交流和实践活动，让专家学者以及经验丰富的教师来交流互动，传授观点、理论、知识、技巧和经验。学校也可以组织校内教师互相观摩听课，组织教师学习课堂安排和调控课堂氛围的有效经验，研讨处理不同学生课堂不良行为的最佳方式。通过讨论和分享，在实践中提高中职学校英语教学课堂管理的可行方法，取长补短，树立模范典型，进行有效推广，提高学校整体的课堂管理水平。学校也应该借助网络的力量，组织和鼓励教师在电脑和手机端的各大学习平台上了解和学习课堂管理的理论和技巧，提高教师的课堂管理能力，更好地保障有效教学的实现。

（四）加强对教师课堂教学能力的培训

教学和管理是教师在课堂上的两项核心任务，有效的课堂教学肯定是教学和管理有机高效融合在一起的。有效的课堂管理才能保障有效的课堂教学，同理，好的课堂教学也能促进课堂管理的顺利进行。如果教师的课堂教学能够提高学习气氛，吸引学生的注意力，课堂不良行为和问题自然也就大大降低。从这个意义上讲，教师的课堂教学就是最好的课堂管理手段。教师的教学行为直接影响了学生的学习行为，直接影响了教学质量的高低，决定了教学的有效性。因此，学校要加强对教师课堂教学能力的培训，让教学能力的提高促进课堂管理效果的提高。

中职教育和普通教育的明显差别就在于"职业"之上。中等职业学校培养的是与我国社会主义现代化建设要求相适应，德、智、体、美、劳全面发展，具有综合职业能力，在生产、服务一线工作的高素质劳动者和技能型人才。既然培养的是高素质劳动者和技能型人才，那么中职英语教师与普通大学英语教师的一个重要区别是不仅要向学生传授基础的英语知识和技能，而且还要将行业企业知识与英语知识紧密结合起来，才能真正实现职业教育的目标。但目前很多中职英语教师缺乏行业经验，课堂教学仍然是以传授英语基础知识为主，与社会的实际需求脱节，无法激发学生学习的兴趣。

中职学校应当重视教师专业发展中的行业知识和教学技能，让更多中职英语教师成为"双师型"教师，才能更好地激发学生学习热情，减少课堂问题，保障课堂教学有效性。

学校可以加强校企合作，创建实践教学基地，根据实际情况分批安排教师和学生在企业中开展实践教学活动，理论联系实际，提高教师的职业素养，也为学生以后更好地适应社会打下坚实基础。

学校可以营造教学共同体的教师文化。中职教师有不同的学历背景，不同的教龄，处在不同的教师专业发展阶段，有各自的优缺点。教学共同体旨在通过教师间的相互合作、学习和交流，不断改善教学实践和提高教学能力。教师在合作分享的基础上，集思广益、取长补短，充分利用现有教学资源，将原本分散型的教学知识和经验进行集中和总结，从而提升每位教师的教学和管理成效。教学共同体可以加强教师之间的互相合作和学习借鉴，补齐教师能力短板，帮助教师形成全局性能力结构并为未来的专业化发展奠定扎实的基础。

二、教师层面的优化策略

（一）增强课堂管理意识，保障有效教学

意识决定行动。有效教学需要有效的课堂管理模式来保障，而课堂管理模式的更新和完善迫切需要教师不断增强自身的课堂管理意识。教师必须明确"管"的重要性，重视"管"的任务。教师是课堂管理的主导者，在课堂管理中发挥最为重要的作用。教师的天职是教书育人，不仅是传授知识，还有重要的"育人"的任务。管理好课堂，保障好教学有效性也是"育人"的一项具体要求。也就是说，在课堂教学过程中，教师除"教"的任务之外，还有一个"管"的任务。尽管现代社会中教师和学生在人格上是平等的，他们作为教学和管理中的核心因素之一，会对管理行为加以反馈，产生重要影响作用，但中职学生仍是未成年人，不可否认，中职学生目前的思想认识、知识积累、学习能力和思维水平等还不够成熟和稳定，无法保证他们完全独立、自主地从事学习活动。换言之，中职学生的学习离不开教师的管理。如果学生课堂上表现不好，除了有学生自身的原因，也有教师该负的责任。教师不能对"管"置之不理、推卸责任，而应该更新自己的观念，重视起课堂管理。

教师应该更新管理观念，本质上课堂管理是一种教育的手段和方式，管理不是为了自上而下的控制和监督，课堂管理应该重在引导、激励和参与，为实现学生的全面发展服务。也就是说，服务学生发展才是课堂管理的本质追求。学生学习的最终目的是生活，因此，课堂管理不能仅限于学生学习这个单一的出发点，还要追求学生的身心、思想、技能等方面的共同进步。

因此，教师要更新自己的管理观念，落实以生为本理念，尊重学生的主体性地位，要

主动学习课堂管理的知识和技能，提高自身的课堂管理能力，要擅长从学生的角度思考问题，重视引导学生加入课堂管理体系中。只有这样，教师才能协调和控制好课堂中各种教学因素及其关系，使之形成一个有序的整体，保证教学活动的有效进行。

（二）提高课堂时间规划能力，保障教学效率

高效的课堂管理可以有效提高学生在单位时间内的学习成果，这就需要教师增强时间意识，有效规划课堂时间，优化教学过程，使学生课堂所学最大化。好的教学活动就是最好的课堂管理手段。课堂时间管理与课堂教学流程、环节密切相关。教师应该认真备课，明确每堂课的具体教学目标，在整合教学资源的基础上，分解教学目标，合理安排每个教学环节的时间，使课堂教学活动紧凑有序、张弛有度。除此以外，教师要重视学生专注于学习的有效时间。学生的专注力是有时间限制的。为了更好吸引学生的注意力，教师不应该局限于课本教材的内容，而应该将教学内容与学生实际生活结合起来，引起学生的共鸣，提高对所学内容的关注度。教师应该注重师生和生生互动，活跃课堂学习气氛，最大限度地扩大学生有效学习的时间。总之，教师应该具备时间意识，合理分配课堂时间，以教促管，保障教学效率。

（三）提高课堂教学能力，保障教学效果

教学和管理密不可分。教学是教师在课堂上的最主要任务，课堂管理的目的是保障有效教学。有效的教学反过来也会促进课堂管理。好的教学就是最好的管理方法。如果教学方法落后，课堂教学组织松散，自然无法吸引学生的注意力，容易产生课堂管理问题。目前大部分中职英语教师的教学资源还停留在教材和教材自带的 PPT，教学内容枯燥，教学方式单一。这些都是影响课堂教学有效性的关键因素。

教师要与时俱进，主动革新教学方法，适应新时代和学生的新要求。教师应该革新教学方法，提高教学能力，优化各教学要素，促进学生的学习和发展。在课堂上，教师要发挥主导作用，引领和激发学生的学习热情。教师应该熟练掌握教学目标，对课堂教学内容进行科学的设计、对课堂教学活动进行灵活的组织，丰富课堂教学活动。教师应该整合、利用和开发各种学习资源，有条件的话可以自制微课视频进行翻转课堂教学等。在采访中，教师们也提出了很多好的想法。诸如，营造活跃的课堂氛围进行课堂讲解、营造愉快的师生互动、组织小组讨论、深入浅出讲解知识、给学生提供更多学习资源、进行课堂游戏、课堂上留出时间让学生进行总结和练习、借助翻转课堂先学后教，等等。这些经验和方法的提出说明教师们也意识到革新教学方法的重要性和迫切性，也显示出教师们想要提高教学有效性的愿望。

随着"互联网+"时代的到来,"云计算""大数据"等新兴技术与教育领域产生了深度融合。手机是智能学习终端,应该被合理利用到教学中来。教师应该尽快掌握适应新时代要求的教学方法,利用翻转课堂、云班课、微课等新型教学形式拓展和延伸课堂教学的空间和时间,实现了师生立体和高效的互动交流;利用探究性学习、智慧学习、合作学习等多样化的学习形式来促进学生的自主学习能力和满足自我展现的愿望。通过借助教育信息技术革新教学方式和学习方式,充分发挥教师主导和学生主体性作用,构建生动活泼的现代课堂。

总之,课堂管理问题从侧面反映出传统的教学模式已经无法满足现代学生的需求,无法适应现代教育的发展,"互联网+"时代对教师的教学能力提出更高的要求和挑战。为了把提高教学有效性的愿望变成现实,教师应该积极主动提高自己的能动性,自觉学习和完善自身的学科知识、企业知识、教学技能,不断提高自身的课堂教学能力,革新教学方法。当教师能通过生动活泼的方式将英语知识和行业企业知识传授给学生,自然能诱发学生对英语学习产生兴趣。这样才能吸引学生,让学生全身心投入学习中,处于主动学习的状态中,课堂问题也就迎刃而解了。

(四)制定课堂规则,借助教学平台技术,保障大班教学效果

大班教学的模式给中职英语课堂教学和管理增加难度。为了维护大班教学秩序,教师应该重视课堂规则的制定。还应该重视帮助学生由他律转为自律的过程。教师创建多元主体参与共治的课堂管理体系。具体来说,教师在学期开始便与学生制定明确的课堂纪律和规则。教师可以对课堂上学生行为有相应的明文规定及奖惩机制,切忌对课堂问题过于宽容放任,而应该树立教师威信。

但教师在制定课堂规则时,应该摒弃单一主体专制的思想,要提倡多元主体参与共治的观点。课堂规则的制定应是师生共同参与,只有如此,才能体现师生双方共同的意愿,也有利于师生关系的和谐。换句话说,教师要发挥学生的管理主体地位,吸引学生参与到课堂管理体系中来。中职学生虽然是未成年人,但他们也有一定的自主意识和自我管理能力。教师要信任自己的学生、尊重自己的学生,让学生参与课堂管理活动来。教师可以通过讨论式和合作模式来引导学生参与实际的课堂管理。教师可以通过全部讨论商议的方式来制定相关的课堂管理规定,也可以通过将班级分为相对稳定的宿舍小组和相对灵活机动的学习小组,让班干部和学生形成各种自治自管的小单位和小团体。在课堂上形成教师-班干-小组组长-其他学生的多元主体参与共治体系,让学生们互相配合、互相监督,共享课堂管理权利。这种做法可以培养学生的自我管理能力,提高学生在课堂管理中的主体性,也能减轻教师课堂管理的压力。

在大班教学中，如何监控课堂活动和维护教学秩序是让教师头疼的难题。教师可借助各种教学平台的技术来协助课堂教学和管理。教师应该尽快熟悉诸如职教云、腾讯课堂、超星学习通等各种教学平台，充分利用新教学技术，降低课堂管理的难度，节约管理时间，提高教学效率和效果。例如，教师可以利用职教云进行考勤和记录学生互动情况，可以在讲解课文之后，即时发起提问，让所有学生都参与答题，全部学生的回答结果会立刻显示出来，包括正确率和错误率。教师可以据此充分了解全班学生的学习效果，也可以根据学生的错误选项当堂进行及时分析和解释。职教云等技术无疑是提高大班教学效率和效果的一大利器，不仅能节约课堂管理时间、提高课堂管理效率，也能提高课堂教学效果。

（五）提高课堂管理能力，保障有效教学

为了保障有效教学，教师解决具体课堂问题的能力至关重要。教师课堂管理能力不足是制约中职英语课堂有效教学的重要原因。调查结果发现，中职课堂的问题行为让很多英语教师望而生畏、无能为力，只能置之不理。可见，教师的课堂管理能力不足、管理方法单一，无法保障有效教学。因此，教师应该发挥主观能动性，积极主动增强自身课堂管理能力。课堂管理并不容易。在课堂管理中，教师要综合协调时间安排、人际关系、教学活动和环境等各种因素，要综合管理和控制学生状态、纪律、课堂氛围等因素，这些都对教师的管理素质和管理能力提出很高的要求。课堂管理涉及了诸如心理学、教育学、管理学等各方面的专业知识。事实上，课堂管理就是一门科学。教师要积极主动地来学习和掌握这门科学，提高自身课堂管理能力。教师应该自觉研读教育管理理论，积极参加学校组织的各类继续教育培训活动，主动向有经验的教师请教课堂管理方法，从自身课堂管理实践中总结经验。只有这样，面对一些中职英语课堂的不良现象时，教师才能准确把握学生的心理，才能用科学专业的方法来解决课堂上的突发问题，才能正确引导学生和维护课堂秩序，保障教学的有效性。

既然传统课堂管理方法成效不高，教师就应该在理论学习和实践积累的基础上，勇敢尝试新的管理方法。例如，尝试助推式课堂管理等新兴课堂管理方法。教师在分析学生行动选择架构的基础上，为学生提供某些期待的行动选项，并诱导学生顺其自然地选择这些选项，敦促学生做出负责任而又有积极意义的课堂行动。教师也可以通过建立过程性的评价机制，促进学生自我管理。课堂管理的有效实施不是一蹴而就的，学生的自我管理意识的培养也不是立竿见影的。这是一个长期培养和发展的过程。教师在鼓励学生互相监督和管理的基础上，将学生的自我管理纳入学生评价系统中，增强课堂表现在形成性评价中的比重，鼓励学生更多参与到课堂行为规范的制定，参与同学间的互相配合和监督合作活动中。通过过程性的自我管理评价机制，促进学生自我管理能力的提高和自我管理效果的提高。

总之，教师要理论联系实际，积极主动地学习课堂管理理论和借鉴课堂管理方法，不断提升自身的课堂管理能力。

（六）维护良好师生关系，保障教学效益

有效教学视野下的课堂管理关注师生的互动合作，迫切需要建立良好的师生关系。积极的情感是一种无形的力量，良好的师生关系可以激发学生的主动性和参与性，使课堂管理事半功倍。中职英语课堂上的人际关系仍有进步空间，大部分教师和学生的关系仅限于课堂的交流，下课后较少保持联系。师生关系的疏离，不利于课堂管理和课堂教学的有效实现。教学是教师的教与学生的学之间的交流和互动。教师要维护良好的课堂人际关系，尤其是良好的师生关系，才能保障有效的课堂管理和课堂教学。

（七）营造良好学习氛围，保障教学效益

课堂的教学和管理都是在一定的课堂环境中开展的。课堂环境尤其是学习氛围制约着课堂管理行为的运行过程，也影响教学的过程及其有效性。物理环境受到种种客观条件的限制，单凭教师之力难以改变。但是，教师完全可以创设更好的心理环境。任庆梅研究发现学生对课堂人际关系以及对教学情境的正面感知，能够对其学习行为产生稳定而积极的作用。中职英语教师应该关注学生心理需求和学习需要的满足，多给学生提供表达自己观点的机会，鼓励学生发表意见和观点，充分发挥师生对话的作用，营造宽松、开放、自由、活泼的课堂氛围。

教师可以通过设计贴近学生生活的，符合学生兴趣的教学活动，给学生提供更多的表现机会，宽容地对待学生的语法错误，鼓励学生多用英语交流，多用英语完成课堂任务。教师可以设计小组练习，并且提供充分的指导，明确每位学生的责任和任务，让成绩好的学生带动成绩较差的学生，让学生在团体中学，在做中学，在贴近生活的语言任务中体会到不断进步的成就感，营造积极向上、生动活泼的学习氛围。

总之，环境对人的行为具有强大的影响力。营造良好的课堂环境，推动学生在积极向上的学习氛围中自然而然地由他律转向自律，促进学生课堂教学主体性的觉醒，培养学生在课堂中的自我管理意识，提高学生学习的积极性和主动性，重塑学生对课堂管理和教学的认知。

三、学生层面的优化策略

（一）树立学习主体意识，端正学习态度

学生是教育的主体，只有当学生自己能端正学习态度，真正参与课堂中，才能真正做

到释放天性、激活思维、深度学习。教学不是教师的独角戏，学生才是真正的主角。为了唤醒和增强学生的主体意识，教师要利用正确的方法引导学生，帮助学生尽快做好职业生涯规划，不让学生浑浑噩噩混日子。教师要适当放开权力，给学生提供开放的学习空间，培养学生能动获取知识、应用知识和解决问题的主人翁意识。当学生端正了态度，有了明确的学习目标，才会有足够的学习动力，课堂管理也就事半功倍。

（二）养成课堂自主管理能力

大部分学生能够认识到课堂问题产生的主要原因是学生自制力不高。课堂管理不能仅依靠教师完成，学生是课堂管理的主人。教师应该相信学生能管理好自己，切实增强学生课堂自主管理的意识，多让学生参与到课堂管理的实际行动中来，努力将学生从消极的被管理者变成积极的管理者。教师要多给学生表达自己想法的机会，多听学生的真实意见，了解学生的真正需求。比起长辈的说教，年轻人更愿意接受同伴的意见。学生班干部应该发挥带动作用，积极主动参加到课堂管理的计划和组织中来，发挥学生的主人翁精神。

学生们生活在一起，学习在一起，相互的感情最亲密，相互的影响也会最深刻。优秀学生可以带动更多的学生参与到集体的学习和自我管理中来，营造良好的班级氛围。比如，可以让学生一起协定课堂管理规则，让学生轮流担任课堂管理委员等。加强学生对班集体的责任心，发挥学生的自主管理精神，从而有效抵制课堂教学问题行为的产生。这样，就能在具体的课堂管理事务中不断提高学生在课堂上的自我管理能力和自我约束的能力，提升中职英语教学课堂管理的实际效果。

（三）增强学习信心和动力

社会上仍存在对中职学生的偏见，一些学校与家长，乃至教师和学生自己，会认为中职学生是考不到高中才被迫选择中职教育，学习资质差。这种偏见无疑加剧了学生的自卑感，使他们丧失学习英语的信心和动力。中职学生建立自立自强的信心，通过不断的努力，找到正确的自我定位和价值，主动追求学业成功。中职学生更容易在实践中寻找到成就感，教师应该将英语知识和技能融入各种具体的任务活动中，引导学生在"做"中"学"，在"学"中建立信心和成就感，让学生在学习中不断增强信心和动力。

（四）提高自主学习能力

知识的获得离不开学生的消化和吸收，学生应当借助教师所创设的情境，将基础知识融会到实际问题中，通过发现问题和解决问题，不断提高自身的学习能力。如果没有学生对知识的理解、体验、感悟和转化，满堂灌的输出知识是没有意义的。教师代替不了学生学习。备课时，教师以学生为中心进行教学活动设计，发挥学生的主体作用，例如，采用分组讨论、任务型教学、启发式教学等教学方式，讲练结合，让学生融入课堂教学活动中。同时，学生要好好把握机会，积极主动参与课堂活动，勤学好问，大胆表达自己的需求和意见。学生不仅通过教师获得知识，也可以通过互联网和图书馆等多种渠道获得答案和知识。学生增强自主学习的意识和能力，就可以拥有更多的主动权和话语权，学以致用、学有所成，形成乐学好学的良性循环，课堂问题就自然减少，课堂教学有效性随之提高。

第二节　中职英语课堂教学效果改善的策略

一、相关概念界定

（一）中职学校

中职学校是给予学生从事某种职业生产劳动所需的知识和技能的教育场所。职业教育是传授某种职业或生产劳动所需要的知识和技能的教育。职业教育是培养适应建设、生产、服务和管理需要的应用型、技能型人才的教育，既有职业性，又有教育性。职业学校是实施职业教育的学校，分为三个层次：初级、中等和高等职业学校。本书中的职业学校指的是中等职业学校，简称中职学校。中等职业学校不仅要培养具有高中层次文化知识的学生，还要有针对性地对学生进行职业和专业知识以及技术技能方面的教育，以满足市场对职业岗位的需求。

（二）英语教学

英语教学是指对于英语是或者不是第一语言的人进行教授英语的过程。早在 20 世纪初，欧洲一些国家就提出英语教学的内容是掌握听、说、读、写四项技能。我国英语教学的主要内容包含语言知识、语言技能、情感态度、学习策略、文化意识。英语教学要传授理论基础知识，还要学习者掌握英语运用技能，包含听、说、读、写、译方面的技能及其运用。英语教学专业理论知识涉及语言学、词汇学、句法、认知心理学、第二语言习得等内容。英语教学是个复杂的过程，要注意循序渐进。在全球化迅猛发展的今天，无论是对于母语是英语的人还是母语不是英语的人，英语学习都显得非常重要。

（三）中职英语课堂教学

中职英语课堂教学，是指在教师的指导下，让中职学校的学生在课堂上进一步发展英语基础知识和技能，使教学活动有计划、有组织地进行，从而培养学生在日常生活或专业场景中运用英语知识的能力。目前，学校教育活动主要通过课堂教学进行，学生知识和能力主要是通过课堂教学获得。中职英语课堂教学也是主要通过课堂教学进行，传统意义上的"课堂"一般指的是教室。但是，现代课堂已不仅仅是指物理空间意义上的教室，更是一个有教学情境、有学习气氛的、生动灵活的教学活动场所，包含了师生之间的积极互动。中职英语课堂教学也是一样，不局限于物理空间的教室，教师在课堂教学过程中，结合学生专业，努力创设语言情境，以学生为中心，创设自由轻松的教学氛围，注重师生之间的积极互动，目的是让基础英语为专业英语服务，为学生毕业以后进入社会就业打下良好的基础。课堂教学是由多种要素构成的，"要素"即"构成事物的必要因素"，关于课堂教学系统的基本要素，学界有"三要素论"，即教师、学生、教材，"四要素论"即教师、学生、教学目的、教学内容和教学环境，甚至有"七要素论"即学生、教学内容、教学方法、教学环境、教学反馈和教师等多种提法。

二、中职英语课堂教学表现特征及理论基础

（一）中职英语课堂教学的表现特征

1. 育人为本，注重综合素质培养

基础英语课程的教师，"教书育人"是基本任务，育人不是让学生会一个知识点、一个定义、一个技能，而是一种潜移默化的影响，引起学生思考和共鸣。"育人"须要开发学生的潜能，让其能举一反三、触类旁通，学生从一技之长的技能型人才获得全面发展，成长为一专多能的复合型人才，并能获得终身发展。大部分中职学生，都是学习成绩不优、自控能力不强，甚至还有一些学生在初中阶段就因纪律问题被学校处分或开除的。作为教师，要做好"育人"工作，教会中职学生怎样做人，立足于社会，避免让其成为社会的"危险品"。"十年树木，百年育人"，这说明"育人"是一个长期的任务，要在中职三年中只靠学校和教师是很难完成的，还需要家长和社会的共同努力。

教师在传授知识的同时，还要整合德育，培养学生做人、做事、合作、沟通、豁达、乐于奉献，懂得社会道德规范，以后踏上社会，进入工作岗位，才能热爱工作，积极奉献，终身发展。因此，有必要加强对学生的心理素质、人格、社会道德、职业道德、心智

和其他能力的教育，促进他们综合素质的发展。综合素质的提高，有利于中职学生的自我发展，有利于拓宽他们的就业渠道和终身发展，也有利于社会的发展。

"育人"不只是学校学生德育管理工作部门和班主任的事情，作为中职英语教师也应该将"育人"理念渗透在平时的课堂教学中。在教学过程中对感情、态度、价值观的关注，其实就是对学生的关注，真正做到尊重学生、关爱学生。

2. 注重学生能力的培养

中等职业学校学生英语学习能力偏低，基础知识普遍薄弱，对英语学习缺乏兴趣。当然，这个结果有客观和主观两方面的原因，客观原因有：家庭教育缺失，父母管理方法不当或疏于管理；学校教育不当，教师没有因材施教，当学生出现问题时，缺乏有针对性的指导和及时纠正，对这些学生敷衍了事；社会环境，尤其网络游戏的影响，导致一些学生对网络游戏过于沉迷，无心向学，甚至染上一些坏行为，比如，抽烟、喝酒、骂脏话、打架斗殴等。主观原因有：学习基础薄弱，学习兴趣和主动性欠缺，课堂上注意力缺乏，课后缺少自我管理和控制的能力，无法承受学习的痛苦，久而久之，对学习缺乏信心，放弃努力。在人才需求日益旺盛的今天，对人才和英语能力的要求越来越高，如果一个中等职业学校的学生毕业后想要寻找一份合适的职业，他必须掌握一定程度的英语，这关系到个人的发展，也关系整个社会的进步。因此，只有让中职学生认识到学习英语的重要性，积极学习就业知识、培养职业技能，积极配合教师进行有效教学，才能实现中职英语教育的发展愿景和教学目标。

中职英语更侧重于实用性，更注重对找工作和就业的需求。在课堂上要多进行实操训练，创设情境，模拟他们未来岗位上的训练，让学生学会思考并解决未来工作上可能遇到的实际性问题，提高运用英语获取信息、进行沟通交流的能力，真正做到学以致用，帮助中职学生将来更好地与岗位进行衔接，满足岗位需求。

3. 结合就业需求，为学生专业服务

中等职业学校培养与我国社会主义现代化建设要求相适应，具有综合职业能力，在生产、服务、技术和管理第一线工作的高素质劳动者和中初级专门人才。这表明中等职业技术学校是以职业定向后获得上岗资格为目的，教学的重点应放在学习专业知识、提高职业技能和培养职业精神上。在教学中，中等职业英语教师必须明确学生的专业特点和就业需求，并将这些特点和需求结合起来，为中等职业教育的不同专业设计出相应的英语能力的要求，最终培养出市场所需的专业技术人才。英语教学的主要内容包含词汇、句型、语法、语言情境等的学习。不同的教学内容需要不同的教学方法。在教授英语基础知识时，教师还必须将学生的专业类型和岗位结合起来，通过拓展加强听力、对话和情景模拟的教

学方法，使学生能够有效地将英语知识和专业岗位相匹配，以实现教学、英语和岗位要求的统一，并实现"以就业为导向的"教学模式。

（二）理论基础

1. 建构主义学习理论

建构主义（Constructivism），起源于瑞士心理学家皮亚杰（J. Piaget）的儿童认知发展理论。建构主义学习理论认为：学习是一个同化和顺应的双向建构过程；世界是客观的，但对世界的理解和所赋予的意义，每个人都存在很大差异。知识不是客观世界的绝对和正确的表征，也不是固定不变的。它们处在不断演变发展之中，要在不同的情况下加以重建。知识不可能外在于主体而存在，不同的人对知识有不同的理解。对于学生而言，知识在被他们原有的认知结构同化以前都是毫无意义、毫无权威的。建构主义理论强调：知识不是由他人传递的，而是由学习者个人自己构建的，这种建构是与他人交往和社会互动的结果。教师不能直接向学生灌输知识，这种知识是"死知识"，对学生的个体发展无益。真正的知识理解只能由学习者自己在已有的经验背景下建构，知识获得是双向建构的。

建构主义学习过程包括四个要素：情境、交流、合作和意义建构。以学生为中心是建构主义的核心，在整个教学过程中，教师只是引导者、促进者，通过情境的创设，激励学生进行主动探索、发现和建构，进而获得知识和经验。每个学生背景和经验都有差异，所以教师要针对这些差异性对学生进行培养，而不能采取统一的标准对学生进行培养，否则将对学生的发展不利——因为高起点学生对主动探究失去兴趣，低起点学生不具备自主探究能力。

当今外语教学很多研究是以建构主义学习为理论基础的，中职英语教学也是如此。很长一段时间以来，中等职业学校的教师在英语教学中是主角，学生是配角，师生互动较少。教师通常与学生缺少"沟通"和"对话"。在英语课堂上，当知识机械地传授给学生时，教师不注重知识情境的创设，学生只是被动吸收，学习自主性的意识和思维能力受到限制，导致英语学习的失败，学生在英语学习中学习潜能得不到发挥，提高自己独立建构知识的能力也没有得到发展。当今社会，最重要的不仅仅是专业知识的学习，更重要的是学习能力的获得。作为一名现代教师，我们应该重视学生独立建构知识的能力。

建构主义学习观重视师生在课堂上的对话与交流，提倡"以学生为中心"，教师创设学习情境，鼓励学生参与课堂，培养学生对知识主动建构的能力，这些观点对提高英语课堂教学效果的研究具有重要的价值和启示。中职英语课堂教学是在建构主义学习理论基础上构建新的知识体系和结构，结合学生所获得的知识，巩固旧知而后学习新知，使新旧知识互为补充。在建构主义的指导下，学生不断提高智慧和能力，改变学习方法，最终促进课堂教学效率的提高。中职英语教师应充分发挥自身的指导优势，创设建构主义教学情境，促进与学生的交流，让学生的创新能力得以发展，课堂教学效率提高。因此，建构主义学习理论适合中职学校英语课堂教学的研究，对中职英语课堂教学的研究是具有适切性的。"适切性"来自英文 Relevance 的翻译，"适切"是指贴切性、关联性。现代中等职业教育特别强调社会服务功能，即以学生就业为指导中心，为社会发展培养合格的中等适用型人才，要实现这一目标，就要以建构主义学习理论为基础，坚持以学生为中心，教师积极创设教学情境，使各个教学要素协调发展，互相配合，最终提高基础英语教学的效果和质量，建设真正有效的课堂。

2. 人本主义学习理论

人本主义学习理论起源于20个世纪50年代，主要代表人物是马斯洛（A. Maslow）和罗杰斯（C. R. Rodgers）。他们提出"情意教学过程论"和"以学生为中心的教学模式论"。其理论主要包括三方面内容。第一，有意义的自由学习观。罗杰斯认为，有意义的学习主要有四个特征：全神贯注、自动自发、全面发展、自我评估。有意义学习反对填鸭式的教学，强调学习者在自动自发的情况下吸收和学习感兴趣的和需要的知识。是以学生的经验生长为中心，把学生的兴趣、愿望、需求有机结合起来的一种有意义学习。第二，教学理念是以学生为中心。人本主义反对教师强迫学生顺从地学习，教师要尊重学生，尊重他们的学习兴趣以及自我发展的需求。教师的任务不是教知识，教师是学习的促进者，要为学生提供丰富的学习资源，创造出能激发学习潜能的情境，使学生的潜能得到充分发挥，让学生自己决定怎样去学。人本主义学习理论也认为学习应是一个快乐的过程。第三，在教学中，突出情感的作用。罗杰斯认为情感是教学活动的动力，师生关系对教学产生很大影响。罗杰斯强调的是教学过程，而不是教学内容。教育的任务是培养能适应变化并且知道怎样学习的人。

以教师为中心，我国传统教学模式中由来已久，课堂上也是统一授课、统一考试，完全忽视了学生之间的差异性，学生由于不同的原因，其性格、思维方式、学习兴趣、能力基础等方面都不尽相同，而且这些差异还会随着时间地点的不同发生变化。所以，现代英语教学理念倡导以学生为中心，要求所有的教学和学习活动应该以围绕学生的实际需要展开。中职英语课堂教学也是如此，每个学生的英语水平不一样，知识接收能力也不同，所以要因材施教。要把"教"建立在学生的"学"之上，尊重学生的主体地位，教师根据中职学生的语言接受水平和语言运用能力来订制合理的英语教学目标、教学计划、教学方法以及评定方法等。如果教学方案本身不具可行性，教学效果的提升和学生学习的进步都无从谈起了。

中职学生学习英语主要是通过课堂教学进行的，英语教学活动主要是通过呈现、讲解、解释、训练、巩固等一系列的活动来完成的，这些课堂教学活动都要与语言运用能力培养密切相关。这些课堂教学活动要把对学生语言运用能力的训练有机结合起来，融会贯通。比如，教师在释例环节中，所有的例子不仅要进行真实语义的练习和巩固，还要关注如何在合适的语言环境中表达语用意图，引导学生融入各种角色，实现角色代入，为学生将来的就业岗位打下坚实的基础。

三、中职英语课堂教学效果的策略

（一）提高学生认识

1. 激发英语学习动机

中等职业学校为社会源源不断地输送着初中级专业技术人才，所起的作用不容小觑。然而，据调查，大多数中职学生缺乏学习目标、学习自信心和热情，学习效率低下。中职学生不用承受来自升学的压力，对英语学习的重要性缺乏认识，缺乏学习的动力。如今，国家出台各种政策和措施对中等职业教育也是大力支持和发展，职业学校培养的人才数量和质量对国家经济的发展有重要影响。但是，怎样激发学生的学习动机，提高学习兴趣，是目前中职英语教学亟须解决的问题。

根据心理学，动机是一种为实现目标的内在的心理过程或动力。为激发他们学习动机，鼓励中职学生学习英语，需要多方面携手合作，包括学校、家庭、社会、教师和学生等。这里提出几点建议：

第一，做好入学教育，新生入学时，教师可以向学生介绍当前的就业形势、市场对人才的需求、未来的个人发展前景以及我校优秀毕业生的先进事迹等，然后介绍英语学习的重要性。比如，在讲到职业这一内容时，可以向学生介绍目前的就业趋势以及企业对求职者有何需求等，还可以请企业人员进校或者通过网络向学生进行介绍、模拟招聘等，让学生更充分地体会到英语学习的重要性，也更清楚自己英语的发展方向。这样有利于加强学生对英语课程的了解和认识，树立明确的英语学习目标。中等职业学校英语教学的目的是更好地为就业服务。

第二，营造积极向上的英语课堂氛围。帮助学生正确对待错误和失败，让他们意识到错误和失败也是学习过程的一部分，错误是不可避免的。中等职业学校的学生大多英语学得不好，经常感到沮丧，有挫败感，对学习没有信心。教师应该给予更多的鼓励和肯定，帮助学生克服错误和挫败带来的焦虑。

第三,帮助和鼓励学生多参与课堂。教师和学生通常通过课堂来分享知识和经验。教师应该对学生持有宽容态度,每个学生都有不同,发展各有差异,即使学生答错了或观点不正确,也不要冷嘲热讽,如果他们进步了,就会得到肯定和表扬。让学生多参与课堂,从最简单的活动开始,哪怕只是一个"Yes"或"No"的回答,然后让学生逐步尝试更具挑战性的活动和任务,让学生体会成功和学习乐趣,逐渐找到自信。

第四,课后多与学生聊天交流。中职学生基本都是住校,这些学生大部分是第一次离家住校,对中职学习和与同学关系的处理方面经常会觉得很无助,如果课后教师多与学生沟通,多对学生进行生活和学习方面的指导,则会拉近师生之间的距离,在课堂上,也更容易建立和谐的学习气氛,从而帮助学生激发出学习动机。通过平时的交流,可以了解学生学习中可能存在的问题或疑惑。中职学生由于年龄比较小,社会经验有限,对人生和职业的规划都很缺乏,如果教师在平时多给予他们这方面的指导,学生会对教师尊敬有加,心里充满感激,因而在课堂上,对教师传授的知识也更易于接受,"亲其师,信其道"。

第五,抓住学生的就业导向思维,让学生知道中等职业教育不仅是为了就业,也是为了未来更好的发展。他们应该知道除了学习专业知识和技能外,还具备良好的英语技能,尤其是专业英语方面的知识,更容易获得更好的就业和发展机会,为了更美好的将来,应该努力学好英语。

2. 培养良好的学习习惯与学习态度

习惯是在潜意识的自动化反应,可以不经过大脑思考就自动完成工作,学习习惯的养成可以帮助学生的学习行为进入一种重复性模式,这种行为比较稳定。习惯具有强大力量,可以对人的一生进行主宰。教师应注重学生学习习惯的培养。所谓"态度决定一切",要学好知识,首先要有良好的学习态度。然而,绝大部分中职学生没有养成制订英语学习计划,主动完成预习、复习以及课后作业的习惯。中职学生一般自制力差,英语基础水平较低,经常被家长训斥、老师批评、同学漠视,造成自卑心理,再加上学习习惯差,进了中职学校后,行为懒散,不想学习,没有端正的学习态度。学习习惯和态度对中职学生的重要性是笔者在这么多年的教学中体会很深的。在实践中,可以通过以下几个途径来培养:

第一,及时纠正学生在学习中的一些不良思想,培养积极的学习态度。平时要重视学生的思想道德方面的教育,帮助学生树立远大理想,加强对学生日常行为的管理,对学生课堂上的日常行为进行考核,引导学生日常行为规范化。课堂上运用各种手段和方法,让学生体会到学习的乐趣,增强信心,课堂上对他们多欣赏、多表扬,如有缺点和不足多给予包容,帮助他们逐步克服自己的缺点,不断提高自我、完善自我。

第二，充分利用互联网的优势，通过手机或电脑，加强与学生的联系和沟通，帮助学生养成良好的英语学习习惯。可以利用微信或 QQ 布置相关学习任务，结合相关的英语学习 APP 或小程序，如班级小管家，实现每日单词记忆打卡、阅读打卡、跟读打卡；利用英语趣配音里面的经典电影片段，让学生进行配音训练，从而提高口语；还有背单词的百词斩、每日单词打卡或语音打卡等，通过这些方式来培养学生良好的学习习惯，如预习、复习，课堂勤动口、勤动手等。刚一开始，教师可以根据学生的情况，以轻松有趣的方式安排适当的预习或复习内容，教师可以根据学生的完成情况给予适当的奖励。

第三，充分利用同伴的互帮互助的作用。把学生分成若干小组，小组里有英语水平相对较好的和较弱的学生，形成互帮小组。教师可以布置小组活动，小组结伴学习，互相鼓励、互相监督，并在课堂上展示出来，让教师进行评价，这有利于发挥学生的学习积极性。学生要养成良好的学习习惯，需要耐心，需要师生的共同努力。教师要真正做到对学生认真负责，牢记自己的教育使命，为职业教育的发展发挥光和热。

3. 增强课堂参与意识

要让学生成为学习的主人，就要让学生让成为课堂的主人。要获得知识，只有从实践中通过锻炼获得，从经验中获得才是最深刻的。老师教得好很重要，但学生能否学得好取决于学生自己的努力。"兴趣是最好的老师"，被动的学习很容易使学生对学习失去兴趣和热情，消极应付老师布置的任务，甚至忽视老师的任务，对这些任务置之不理，这样的学习效果可以想象得出来。

课堂教学中，教师为主导，学生为主体，教师培养学生课堂的参与意识，为学生提供学习机会，引导他们积极构建新知识，帮助学生进行交流、讨论、分析、总结、发现和解决问题，最终体验到学习英语的幸福感和成就感。

教学如果触及学生的情感和意志领域，其发挥的作用是高效的。如果学习缺乏情感参与，那就是被动的。长期以来，高分低能现象普遍存在，传统的"填鸭式"教学忽视了学生的兴趣，阻碍他们学习思维的想象和创新，违背了学生的心理发展规律。让学生主动参与课堂教学就要重视以人为本，对学生的情感态度进行关注，所设计的教学活动丰富多彩，结合多种教学手段和方法，多给学生参与课堂的机会，先从设置简单的任务开始，让学生体验成功的感觉，并在活动中获得大胆创新、自信、积极探索、团结互助的情感体验，逐渐激发出他们的积极性、主动性和创新性，从而提高教学效果。

第一，重视以人为本，对学生的情感态度进行关注，让学生主动参与到课堂中来。教师对学生的关爱，态度和蔼，会有利于学生在课堂上感觉比较轻松，心情比较愉悦，有助于他们用更加积极的态度参与课堂，配合教师的教学。

第二，设计丰富多彩的教学活动，不断更新教学方法和手段。这样有助于激发学生的学习兴趣，刺激他们的内部动力。尤其是针对不同专业的学生，更是要选择不同的教学活动和方法，最大限度地让他们参与到英语课堂教学中来。

第三，降低课堂参与难度，充分利用激励手段。英语课堂教学要让学生积极参与，要根据学生实际情况，所教授的知识或者布置的任务不宜太难，应该适当降低难度，运用多种激励手段，比如，小组竞赛、知识抢答、限时活动等，鼓励他们尝试，并给予相应的奖励。比如：在教学新单词时，基础普遍比较好的班级，可以比赛单词拼读，看谁读得又多又准；基础比较薄弱的班级，可以降低难度，老师读英语单词，由学生说出其中文意思，之后，教师说中文，学生读出英语单词，读正确的，给予个人或小组加分奖励。这种方法简单易行，实践证明，学生参与度非常高，气氛特别好。

（二）结合学生特点和专业需求

1. 合理设定教学目标和选择教学内容

没有目标的教学是盲目的教学。布鲁姆等人提出了著名的三个领域的教学目标，即认知、情感和技能。中等职业教育比较特殊，其教学目标与普通教育不同，即要以学生就业为导向，注重学生综合职业技能的培养。在设置教学目标时，应从以下几个方面进行考虑：专业能力、方法能力、社会能力、个性能力。

中职教育的教学重点是培养学生的专业技能，这就要求中职英语教师对学生英语技能的培养不仅仅是英语知识和英语素养，还要注意学习英语的实用性，也就是说，在英语教学过程中要结合学生和专业的特点，适当对教学内容进行调整和补充。要帮助学生意识到他们的专业在英语知识和能力方面有何要求，学校设置了很多课程，包括英语在内，都是为了学生专业服务的。根据专业的特点和学生的就业需求，学校可以针对不同的专业选择不同的教学内容或教材。以学生为主体，让学生参与到课堂当中，培养学生的听、说、读、写能力，这也是中职英语的教学目的。基于此，英语教学的内容和教材可以灵活多样，教学内容除了学习英语的基础知识外，教师还可以根据学生的专业特点对教学内容进行拓展延伸，提高英语学习的实用性，让学生学会用英语解决未来生活和工作中的实际问题，为学生未来的工作岗位服务。总之，教学内容的选择要与学生专业的需要充分结合，才能体现出英语的实用性。

2. 科学应用教学方法并优化教学手段

（1）以学生为中心，科学应用教学方法

在调查中，传统的讲授法是大部分教师常用的方法，虽然这种方法在教学中很重要，教师可以对知识进行系统详细的讲解，在很短的时间里可以讲授比较多的内容，但这种方法侧重于教师单向灌输，学生被动接受，不利于学生英语综合应用能力的培养，与现代社会对中等职业人才培养的需求不符，容易让学生失去英语学习的兴趣，不能专心听老师讲课，英语能力很难提高。所以，教师要对传统的教学模式进行转变，以学生为中心，充分考虑学生和专业的特点，采用多种方式方法，并加以科学应用，努力创设情境，改变学生被动参与的地位，打造出高效的英语课堂。

（2）利用现代多媒体信息技术，对教学进行优化

当今社会已处于信息时代，传统的黑板、粉笔这些教学手段早已被淘汰，逐渐被多媒体技术所代替。多媒体设备可以提供更生动、形象的画面和影像，还有悦耳的影音，给学生带来的是多感官的刺激，让学习变得生动有趣，可以帮助学生开拓知识和眼界。教师要充分了解多媒体的这些特点，为英语课堂教学所用。可以利用多媒体创设相关教学情境，模拟真实场景，比如，在学习与外国客户进行商务套餐这一内容时，对于西餐，学生缺乏体验，不清楚餐桌礼仪及餐具的使用，这时，教师可以利用多媒体，播放吃西餐的餐桌礼仪，以及餐具的使用方法，之后，教师摆出提前准备好的西餐餐具，模拟商务会餐的场景，让学生在这种环境下，既增长了跨文化知识又练习了英语口语。利用多媒体创设的情境，比教师口头创设的情境，真实形象、生动有趣，学生也愿意主动参与，真正体会到英语学习的实用性，能更好地使教学过程得到优化，教学效果得以提高，何乐而不为？

要学习语言，就要有一个良好的语言环境。然而，根据调查发现，中职的大多数英语老师都使用英语和汉语相结合的方式进行教学，因此，学生缺乏学习英语的语言环境，这对学习英语不利。另外，从前面的调查可以看出，许多中职学生主要通过课堂学习英语，而不会主动在课后对英语的听或说进行学习。如果课堂上没有语言环境，则学好英语的可能性更低，英语的交流和表达能力更是无法培养出来，在未来的工作岗位中无法很好地运用英语，这也使中职教师丧失了英语教学的目的。

多媒体技术用于教学，这是一种比较先进的教学手段，但仅是一种辅助手段。一节优质的课堂，并不是靠多媒体技术，而是靠教师对教学目标的设定和教学内容的选择，对教学每个环节进行精心设计，并根据实际情况实施，只有两者完美配合，才能真正提高学生的学习效率和教学效果。

3. 提升教学反思能力

反思性教学是指教师对教学实践的重新认识和思考，以获得更多的经验教训，促进教学水平的提高。教师不只要反思自己的教学过程，还要研究自己的教学理念、教学行为、教学方法和教学效果等。通过反思，可以了解自己所选择的教学内容和方法是否适合学

生，是否因材施教，是否有不恰当或错误的地方，从而在接下来的教学中做出调整，使课堂教学日臻完善，教学效果向理想的方向发展。

英语教师可以从以下几个方面反思教学：

第一，反思是否"以学生为中心"展开教学，看大部分英语课是否安排学生自主合作学习，以教材内容进行简练浓缩，给学生更多时间进行英语自主探索和学习。

第二，反思英语课堂训练教师的指导是否充分。课堂训练能对学生的知识吸收情况做出直接反馈，这些训练可以是口语的、书面的或综合技能的训练。

第三，反思小组合作学习的组织实施效果是否达到预期。小组合作学习，也是以学生为中心的体现，教师在这个过程中，要努力促进小组成员之间的合作，帮助他们完成共同的任务。完成小组任务，这样集体和个人都有益处，可以使他们为了共同利益团结协作，发挥自身潜能，调动自身的积极性，对新知识进行探索和学习。教师作为促进者和组织者，应充分考虑每个学生在合作学习过程中参与和积极思考的机会，充分发挥小组的监督和管理作用，努力在课堂上完成最重要的课堂反馈，使教师及时掌握学习情况。

除了以上几点，英语教师在反思过程中还要注意反思的系统性和连续性，善于观察和记录。

（三）将教材与学生专业充分结合

作为当代教师，不应该总是让学生按照教师的要求和教材的安排一成不变地进行学习，而应该积极面对现状，改变心态，与时俱进。中职学生英语课堂教学的内容本来就有自己的特色，讲求的是英语知识的实用性与职业性，英语的学习主要是为了学生将来的岗位服务，所以作为中职教师，要不断改进教学方法，根据当今社会对人才的要求，让教材内容变得丰富多彩，又具有实用价值。所以，中职英语教师在使用教材的过程中，要充分注意提高学生的英语交际能力，降低难度，对理论知识要淡化，对语言的实际应用要强化。

社会在不断发展进步，经济趋于一体化，这对职业教育的要求也越来越高，中职生对英语的学习和运用也变得越来越重要，教材作为知识的载体，英语教师应可以根据学生专业对内容进行不同的选择，这不仅可以帮助学生更有效地学习英语，而且可以满足学生的未来就业需求，学生的学习积极性得以提高，从而促进中职学校的英语教学效果。

对于中等职业学校校本英语教材的使用，还应注意以下几个方面：

第一，要充分了解学生的英语水平。可以在新生刚入校时，进行统一考试，这样可以大致了解学生的英语情况，进行初步分层。然后，根据学生的情况，在教学中调整基础英语知识各模块的比例，帮助学生打好坚实的基础。在此基础上，我们应该引导学生逐步发展听说读写能力，根据学生情况，设置相关任务和目标，这些任务和目标同一个班级可以有所不同，目的是消除学生学英语的自卑心理，让他们重获信心，逐步激发出学习兴趣，学好英语。

第二，根据专业特点，加强英语课程与专业的结合。职业教育的目标是"以服务为宗旨，就业为导向"，培养具有一定文化水平和专业知识技能的应用型人才和劳动者。因此，在开发英语校本教材时，应该体现这些专业或职业特色。不同的中职学校办学的方向有所不同，校内设置的专业也不同，每个专业有自己的特色，学生毕业后，进入的行业或岗位也不相同，对英语的需求和使用情况也会有所不同，因此，不同的专业应该有针对性地使用英语教材，比如，物流专业的物流英语，跨境电子商务的电子商务英语，会计专业的金融英语；文秘和酒店管理要经常和客户打交道，可以加强口语培训；学前教育专业面向幼儿教育，可以加强基础英语知识和英语教学活动的设计与实践等。此外，可以利用校企合作的便利，与企业保持沟通，根据企业的实际需要调整相关专业的英语课程内容，使英语教学更体现出实用性和针对性。

第三，注重学生的跨文化意识的培养，提高英语交际能力。随着全球经济一体化的形成，中国的市场经济日新月异，作为一种世界语言，英语是世界各地人们交流的重要工具。国家的发展离不开中等职业学校学生，他们是社会技术和服务业的主流队伍之一。英语的学习有助于他们将来在工作岗位和职场中拥有一定的竞争力，对他们将来的发展有很大帮助，作为中职英语教师，要帮助他们在未来的职业规划中将英语的学习充分进行考虑。

"语言本身是一种文化现象。"语言的学习就是要学习这些文化背景与知识。语言中文化意识的输入和学习是相互促进的，中职学生需要利用英语作为学习外国文化和技术的桥梁，开阔眼界、增长见识。这就要求英语教师不仅不要停留在书本的表面，还要在英语文化和背景下，以教材为依托，培养学生创造性地运用语言的能力。因此，在使用英语教材时，除了英语的基础知识，还要有英语的文化背景，让他们了解更多国外的世界，开阔视野，激发学习兴趣，增强他们的学习欲望，使他们更愿意探索英语，有利于创造性运用英语，从而提高他们的交际能力。多年的实践证明，学生们往往对这些文化知识非常感兴趣，课后，他们对这些知识记忆深刻，对英语学习有了兴趣和好奇心，自然会喜欢英语。

总而言之，将教材与学生专业特色结合起来非常重要，教材要以学生为主体，根据学生特点和专业特色，设计不同的教学任务，努力创设语言学习的真实情景，引导学生合作交流，不断提升英语综合能力。教材内容的选择不仅要立足学生实际，贴近学生日常生活，还要"以就业为导向"，考虑学生专业特点，让学生在学习过程中感受到英语学习既有用又有趣，这样才有利于英语课堂教学质量的提高。

第三节　中职英语课堂有效教学的策略

一、中职英语教师有效教学的策略

（一）有效备课

台上一分钟，台下十年功。要想成为学校认可的、学生喜欢的和家长满意的好教师，实现有效教学，一定要有效备课，因为有效备课是实施有效教学的必要前提。

1. 备学生，学情分析

通过访谈了解到，中职学生英语成绩好的只是少部分，对英语学习有兴趣的学生也只是少部分，大部分学生的英语基础薄弱、底子差。中职教育的专业性特点强，不同专业学生之间的英语差距显著。男女生语言天赋有差距，女生多的班级，如电子商务、会计、市场营销、学前教育等，相对来讲英语基础偏好，口语表达能力强，对英语学习积极性高，课堂参与度也高，课后自主学习的自控力等各方面较比男生多的班级来说要优秀。因此，教师要在学情分析的基础上，针对不同专业学生的特点来进行备课。

2. 备教材，因材施教

中职英语课程是九年义务教育阶段英语课程的巩固和发展，是一门重要的、必修的文化基础课程，具有很强的工具性和实践性。虽然中职学生有缺乏学习动机和策略等问题，但他们思想活跃，内心还是很希望得到鼓励。这就须要教师在教学内容和方法上下足功夫，以现使用的英语教材为例，根据新课标的要求，以"生"为本，遵循"以提高能力为目的，以适应就业为主，以够用为度"的教学原则，在教材内容选用上要有灵活性、伸缩性，比如，英语基础偏好的专业班级在教材内容选用上可提高难度，拓宽知识面，增加深度。

3. 备教师，集体智慧

集体备课是指上同一门课程的教师集中时间一起备课，它在发挥教师集体智慧和经验、整合资源等方面有着非常重要的价值。集体备课应该在借鉴他人之长、吸收他人教学能力的精华、结合所教学生的学情而有选择性的利用，绝对不能完全依赖于集体备课或者将集体备课打印稿照抄照搬。

作为一线教师，除教学外，日常事务杂多，职业倦怠，经验丰富，吃"老本"，没有更多时间或付出太多精力用心备课是合乎情理的，但这样一来，会影响英语课堂教学效果。事实上，即使是一节普通的课堂，备课时首先要自己独立思考钻研，然后在集体智慧的帮助下补充完善，再通过教学反思，调整教学方法和策略，其重视程度应该不亚于任何一堂公开课。

总的来说，有效备课要做到在有利于教师"教"和学生"学"，有利于教师高效完成教学任务的同时，有利于教师的成长和水平的提高，有利于学生学得扎实并能快速掌握学习方法。

（二）教学过程设计策略

心理学研究表明：一个人做他感兴趣的事，可以发挥智力潜能的80%，而做他不感兴趣的事，则只能发挥智力潜能的20%左右。因此，在教学设计上要创设良好的教学情境，吸引学生的注意力，激发学生的求知欲。中职英语课堂教学涵盖了语言基础知识、语言技能和人文素养等多个方面的内容，其核心就是培养英语的五大技能：听、说、读、写、译。教师要提供丰富、生动的教学资源，激发学生学习兴趣，激励学生自主性学习，线上学习和线下学习相结合。

教学过程设计案例：

教学内容是听说练习部分，主要以口语练习为主。以皮亚杰建构主义理论来进行设计，学习者要对外部信息进行主动加工和选择，因此，教学第一步提出问题，请学生通过观看视频挑选出分别适用于初次见面或再次见面时的社交问候用语，这是一个新旧知识相接的过程；教学第三、第四步是在不同情景下进行口语练习。通过新旧知识经验间反复的、双向的相互作用过程而形成自己的知识储备，同时，引入文化意识，提高英语语言社交能力。

（三）教学导入策略

教学导入是教学的开端，它维系着整个课堂教学的命运，良好的开端是成功的一半。有效的教学导入不仅为整个教学过程奠定了基础，而且也是调动学生学习积极性的关键一步。如果教师的导入很成功，就会一下子抓住学生的心，引起学生的注意，起到"一石激起千层浪"之功效。有效导入具体包括以下四点：

1. 在遵循新课改背景下，有效教学导入要体现以"生"为本

以学生为中心为原则，形式可以多样，如课前 Duty Report 等，提前布置好任务，学生以线下学习形式获取知识点，在课堂上以自愿形式汇报，点评环节可以生生互评，也可

以教师点评，不管采取哪种方法和形式，都应以每位学生参与的程度为检验标准，创造机会让每位学生在课堂上大胆表现自己。教学导入要注意教师角色的转变，从讲授者成为倾听者，将教与学贯穿整个课堂。要激发学生的学习欲望，要把握一个"导"字，要激活学生的思维和辨识能力，增加参与热情，要把握一个"活"字。激发学习积极性，让学生通过自主学习，构建知识体系，提高英语语言技能。

2. 有效教学导入要有新意

导入新课是上下课内容连接的纽带，也是新课的开始，所以教师要精心设计好开篇，要体现新、巧、乐的特点。学生可能想不到除了用言语表达问候，还有肢体语言，再进一步引入提问 Body languages 时，学生可能会回答 hand、shaking、smile、hand、waving、hug、kiss 等，这时就可以引申到文化意识，让学生了解中外文化的差异。导入新课时要让学生自然而然地跟着教师的节拍走，步步深入、环环相扣，抓住学生的好奇心理，调动学生的学习积极性，从而达到事半功倍的效果。

3. 有效教学导入要尊重学生个体差异

中职英语课堂的教学导入，要注意学生专业性的特点，因专业不同，所以男女生比例悬殊，可以根据男女生感兴趣的话题，在导入新课时加强针对性。也要从不同年龄、不同学生的特点出发，要一视同仁，关注学生的个体需求和个人尊严，因材施教。

4. 有效教学导入要积极引导

教学导入还可以从日常的生活谈起，讲一些故事、谚语、网络流行语等，以直接引起学生的心理兴趣，诱使学生一开始就进入"乐学"境界。如网络流行语"蓝瘦香菇"——Blue Thin Mushroom，"洪荒之力"——Preshistoric Powers，"我感觉身体被掏空"——I feel empty。

（四）教学方法选用策略

"贵在得法"才是一堂好课，教师课堂上的应变能力和调控能力，是衡量教师教学智慧和教育艺术的重要因素。在现代信息技术支持下，教学方法很多，细分之下有案例教学法、角色扮演法、项目教学法、探索式教学法、分组教学法、引领式教学法、先导式教学法、交际教学法、讲授法、讨论法、直观演示法、练习法、自主学习法、任务驱动法等。但任何教学方法都不是万能的，著名教育家叶圣陶提出："教学有法，教无定法，贵在得法。"教师面对的是一个个鲜活的生命，教师不能无视学生所呈现的生命信息，因此，教学方法的选用受到多个因素的制约，如学生知识水平和个性差异、教学内容的特点、教学学习要求、教师自身因素、学校现有的客观教学条件等。因此，教师要有适应性教学策略。

适应性教学是指在教学实践过程中，教师采取适当的措施，使课堂教学内容、教学方法和教学活动等与教学情境中的学生和课堂氛围等相适应。通俗一点说，要进行适应性教学就是指要"因材施教"的教学。教学过程的核心是教学内容和教学方法要适应学生。孔子就非常注重根据弟子的差异进行教学，宋代理学家朱熹将孔子的这一做法总结为"夫子教人各因其材"，"因材施教"这一概念便由此而来。

（五）提问策略

提问是指在课堂教学中，教师根据教学内容、目标、要求设置问题，启发学生回答，以培养学生的思维能力，提高课堂教学效果的一种形式。大教育家孔子就提倡"疑思问"，他自己便是"敏而好学，不耻下问"的典范。爱因斯坦认为，比起解决一个问题的能力，提出一个问题的能力更重要。因为解决问题也许是一个教学上或实验上的技能而已，而提出新的问题、新的可能性，从新的角度去看旧的问题，却需要有创造性的想象力，而且标志着科学的真正进步，由此可以看出课堂提问的重要性。课堂提问是课堂教学中经常采用的一种启发式教学方法，也是影响课堂教学有效性的重要因素。

1. 提问要清晰明确

首先要明确提问的目的是为了解学生的学习情况和教师的教学情况，避免让提问成为监控学生的手段。清晰明确的问题可以使学生明确问题的要求和目的，从而激发学生进行积极思考和给出正确答案。相反，不具有清晰度的问题则会给学生造成干扰，从而也不能做出正确回答。

2. 提问难度适中

教师必须研究学生的基础、能力和水平，使问题的认知复杂性与前者相匹配，即提适应性问题。换句话说，教师只有在对学生的研究和了解的基础上，才能保证所提问题的适应性。所谓适应性（匹配性）问题，是指问题的难度和复杂程度与学生的认知水平相适应，问题切合学生的爱好和兴趣，问题与学生回答问题的心理准备和愿望相适应。适应性的问题是学生感到有能力回答的、有兴趣回答的、准备问答的，因而也会去主动回答。

3. 提问趣味性

提问趣味性是指要提学生感兴趣的问题，提问可以与学生已有知识体系相矛盾，抓住学生情感上的矛盾，使学生产生质疑，启发学生积极思考，激发学生的求知欲，从而极大地调动探究的热情。

4. 提问广度和开放性

好的提问要面向全部学生，要尊重学生个体差异，不能只提问优等学生，面对基础薄弱的学生提问更要有针对性，给予鼓励，以建立学生英语学习的信心；好的提问不仅能激发学生从多角度的去思考，从而得到多样化的答案，可以锻炼学生对已有知识的调度能力。课堂提问这一环节，要取得良好的互动效应，不能把问题只集中于少部分"优秀学生"身上，这与"有效教学"所期望的能让班中更大多数学生在有效教学时间内获得效果的最大值是相违背的。

5. 有效反馈

在课堂提问过程中，引导学生聆听其他同学的回答，只有这样，学生才能进行相应思考。当学生的回答是错误的，教师要给予提醒和鼓励，在课后查明原因；当学生回答不充分时，教师要及时引导以便学生给出完整的答案；当学生回答正确时给予肯定和表扬。对学生任何形式的回答都应该包容和尊重。这样的反馈方式有利于维护学生的自尊心，帮助学生建立英语学习的信心，不会丧失对英语学习的兴趣，更利于形成良好的学风和班风。

6. 鼓励学生提问

要将学生的问题集中起来，进行系统研究，努力做到针对性强，切实帮助、解决学生提出的问题，从问题到问题，学无止境。鼓励学生提问能启发学生的思维，发挥学生的学习自主性，同时，也能带动学生参与课堂活动的深度，提出有意义的问题。

（六）课堂环境创设策略

教育就像栽培植物那样，是让植物自然生长，而不是像工业生产，用模具去铸造机械零件。因此，必须在教育是农业的理念下构建和谐的生态课堂，用智慧去开启智慧，用灵魂来塑造灵魂，用生命去感动生命，让身处生态课堂中的师生们享受到教学活动所带来的乐趣，唯其如此，我们的课堂才能不断焕发生机和活力。生态课堂滥觞于20世纪70年代的国外教育世界，它是在检视与批判传统课堂教育注重单向知识灌输、窒息学生个性发展和忽视学生生命生长的基础上所提出来的。生态课堂要求变革这种异化的课堂教学，主张将课堂建构为一个促进师生互动、信息交流、生命共进的教育场。生态课堂的宗旨就是一切为了学生，为了课堂中鲜活的生命体。而"生态课堂"环境的创建，就是要以"生"为本，以"发展"为前提。"生态"课堂环境就是教师、学生、教学内容，以及教学方法与手段诸因素的相互依存、相互影响、相互作用、和谐共生的一个整体。"生态"下的学习环境是一种开放的、动态的、生成性的、和谐的环境。

1. 创建温馨和谐的课堂心理环境

课堂心理环境是指对师生心理产生实际影响的学习环境，积极、健康、生动、活泼的心理学习环境，是进行课堂教学，提高教学质量的重要条件。而影响课堂心理环境的因素主要是教师的教学风格、教学方法、师生及学生之间的人际关系、班级学习风气等。创建和谐的课堂心理环境要考虑多方面的需要，比如，课堂的民主管理、平等的师生关系、灵活使用教学方法、精心设计教学内容，达到教师乐教、学生乐学的目的。

2. 创建安全有序的课堂环境

从马斯洛需求层次理论出发，安全的需求就是要避免对生命构成威胁的需求。安全有序的课堂环境，第一，要预防语言暴力对学生的恐吓和威胁。从表面上来看，语言暴力造成的伤害并不明显，但从心理上讲，造成的后果可能很严重，对学生的伤害持续时间更长。第二，降低同学间横向比较和分数报告造成的压力。因为评价标准的差异，导致了我们眼中差生的产生，永远不要低估你眼中的差生，不要用言语去讥讽他们，诱发他们的叛逆精神。第三，加强课堂管理，恰当地处理异常行为，根据教学计划有组织地教学。

3. 创建友好愉悦的课堂环境

友好愉悦课堂环境的创建，取决于课堂氛围的宽松程度，在英语课堂教学过程中，要给予学生理解、尊重和信任。学生的人格受到尊重，学生的讨论和回答得到鼓励，学生的疑点得到解决，课堂气氛就会活跃、有序，让学生在课堂学习中达到了既定的课堂教学目标，获取了相关知识点，较正确地回答教师提问，课堂练习正确率较高；要让学生因取得成功而愉悦；要让学生在课堂上显示自己的能力，要用肯定及鼓励的语言让学生因得到积极强化而愉悦。师生交流平等、生生交流平等，实现课堂师生互动的有效性，进而实现教学目标的有效性。

（七）课堂练习策略

课堂练习是课堂教学过程中的重要环节，它对课堂教学效果起着巩固和反馈的作用。课堂教学目标不同，教学内容不同，教学环节不同，练习形式也不一样，有效的课堂练习就要优化课堂练习设计。从一节课的教学环节来看，有准备阶段、呈现与操练阶段、巩固与发展阶段，因而课堂练习可以分为课堂准备性（Preparation）练习、课堂呈现与操作性（Presentation and Practice）练习、课堂巩固与发展性（Consolidation and Development）练习三种。

1. 课堂准备性练习

孔子说："温故而知新。"准备性练习可以是新旧知识之间的桥梁，通过有目的、有组织的复习，为引进和学习新知识搭桥铺路。准备性练习也可以是把新知识转化为学生学过的旧知识，为学生学习接受新知识做好思想上的准备。

2. 课堂呈现与操作性练习

英语课堂教学过程中，对呈现的新内容、新知识做相应的操练性练习，教师要不断提出问题，有目的地引导，使学生凭借已有的经验和知识储备完成旧知到新知的转化。通过习题的讲、练、评、议，启迪思路，给学生传授学习方法，培养学生分析问题和解决问题的能力，教会学生学会总结解题规律的方法，掌握解题思路和解题方法。教师要起到穿针引线的作用，让学生获得成功的体验，建立学习的信心和兴趣。

3. 课堂巩固与发展性练习

课堂巩固性练习要强调专题性和综合性，练习题的设计对象要有广泛性，人人参与。学生在行为方式、兴趣爱好、思维品质、学习习惯等方面存在不同，表现在能力发展上和学习需求上也会有差异，要尊重学生的个体差异，尊重学生的多样化，练习题的难度适中，分层设计、梯度递进，刺激学生的求知欲望。这样不仅拓宽学生知识面，而且促进学生思维能力的发展，提高学生的智力水平。

（八）多元评估策略

1. 评教师

对教师教学水平的评估可以改进教学工作。完善的评估体系不仅可以调动教师教学积极性和主动性，还可以最大限度地发挥教师的作用。对教师的评估内容包括教学规范、教学状态、教学质量、教学获奖、教研教改几个方面的评估。

2. 评课程

学生在评估所学课程时，可以参照多伦多大学教学评估体系中的学生对所学课程的评述表，在该评述表的基础上，针对中职英语教学的特点做了相应的调整和修改，具体评述项目如下：①与同一级别的其他课程相比，本课程的学习负担；②与同一级别的其他课程相比，本课程学习材料的难易度；③与同一级别的其他课程相比，本课程的课后练习强硬度；④就你对这门课程的学习体会而言，如不考虑是否要通过学习这门课来实现某计划或升学的需求，你仍会选择学习这门课吗？⑤整个学习经历的价值。

3. 评学生

评价学生除了要关注学生的英语成绩，还要去发展学生多方面的能力和发现学生的潜在能力，换位思考，了解学生的需求，帮助学生认识自我、建立自信，多一把衡量的尺子，就多出一批好学生。要尽量多地要求每一个学生，也要尽可能地尊重每一个学生，评学生采取形成性评估和终结性评估相结合的方式。

新课标在对基础教育阶段英语课程的任务中明确指出：要激发和培养学生学习英语的兴趣，培养积极的态度，养成良好的学习习惯。良好习惯的养成需要一个漫长的过程，这就决定了对学生的评价必须贯穿整个教学活动，所以对学生的考核评价，要把终结性评价与形成性评价结合起来。采用终结性评价方式时，根据最近发展区的理念评价学生，不以分数论英雄，对学生的学习成绩不采取横向对比而采取纵向对比的方式。采用形成性评价方式时，给每个学生制作一个学习档案，制作课堂记录卡。将学生课堂表现如实记录，客观描述学生的课堂表现，定期对学生做英语语言技能的综合评价，将学生的成果和收获收录在案。同时，鼓励学生进行反复练习直到自己满意为止，这样的方式，让学生对英语的测试减少畏惧感，增强学习的信心和积极性，在教学过程中形成良性的竞争环境。

（九）教学反思策略

教学反思是指教师为了实现课堂的有效教学，在教学反思倾向的支持下，对已经发生的教学活动、教学过程中的活动及活动背后的理论、假设，进行积极、持续、周密、深入、自我调节性的思考。而且在思考过程中，能够发现、清晰表征所遇到的教育教学问题，并积极寻求多种方法来解决问题的过程。

反思课堂的教学内容知识点是否有误或遗漏，或难易度是否符合学生的水平，教学内容是否还可以有崭新的呈现方式，是否能更优化设计教学过程、提出更精准更有深度内涵的问题，从而可以激活教师的教学智慧；反思课堂教学行为，在教学过程中是否根据教学的实践操作和学生的课堂表现和互动情况，及时调整教学方式和步骤，有助于提高教师的课堂把控能力和应变能力，把实践上升到理论层面，提升教师的评价能力和教学研究水平。课堂教学反思包括做教学案例、写教学日记、听评课，或说课比赛等方式来进行，通过对某一小节教学片段进行剖析对比分析，更能更新教学理念；反思教学效果，除了要了解学生对知识点的掌握情况，还要分析学生是否掌握了正确的学习方法，课堂上是否积极思考，是否养成了良好的学习习惯，等等。通过教学反馈、学生访谈、课堂观察等方式及时了解课堂教学效果。课堂教育、教学过程，对于教师来说教学相长，是"教"的过程，也是"学"的过程。教学反思是教师成长的阶梯，教师要有追问"为什么"的习惯，增强问题意识和"解题"能力，在教前、教中、教后严谨地审视自己的教学，改进自己的教学，从而促进课堂教学质量提高，实现课堂有效教学。

二、中职学校促进英语教师有效教学的策略

（一）加强英语教师培训

职业教育尤其需要教师言传身教，教师不能只会"纸上谈兵"，也要具备相当的实操经验和能力，且加强师资培训，是学校持续发展的根本大计，也是学校进一步发展的关键。学校要定期组织英语教师参加前沿性教学理论的学习，或要求教师利用业余时间自己学，并采取相应的监管机制。培养教师提高有效教学理念，可以为有效教学提供导向。提高教师的专业素质首先要提高教学理论知识，这是教师能进行有效教学的基础，如果没有一定的有效教学理论，就无法实践课堂有效教学活动的有效性。学校要为教师创造学习机会，聘请名师或优秀教师来校开讲座，答疑解惑，或者把本校教师送出去参加相应的培训班，让英语教师与名师或优秀教师直接交流，学习他人的"精华"之处，明确自己将要努力的方向，得到智慧的启迪、精神的感染、理念和思想的提升。支持教师进修学习，为校本教师进修高学历拓宽渠道。加强教师培训，要着眼未来，从长远出发，通过培训，树立终身学习的思想、学习现代教育观念和先进的教育理念、掌握科学的学习方法、熟练现代教育技术的运用，提高教学能力，使教师终身受益。

（二）鼓励英语教师教学

心理学研究认为，每个青少年儿童都有对爱的需求。同理，每一位教师也有对爱的需求，在教学上，每一位教师都需要学校的鼓励、支持和关爱。因此，学校要鼓励英语教师有效教学。采取激励措施调动英语教师教学的积极性，根据教学目标的实现情况对教师的教学行为给予表扬或批评；建立物质激励机制鼓励英语教学，调动英语教师的积极性；建立精神激励机制，如教学成果及时给予肯定和职称晋升等方式，让教师意识到肩负重任，增强责任意识；马斯洛的需要层次理论中的最高层次是自我实现的需求，学校要给英语教师教学工作的自由度，让英语教师在教学过程中，能最大限度地发挥自己的主观能动性。中职英语教学应该是有一定的职业特色，对学生以后的发展来说不仅应该有用，还应该适应学生能力的需要以及有助于学生基本素质的提升，以保证学生在毕业后能满足各种岗位对英语的需求。鉴于英语教材内容在专业性和职业性上的不足，所以，学校对英语教学内容筛选、优化、重组的教学改革要给予更大支持，满足基本的英语教学学时需求，鼓励进行英语教学模式改革。

（三）倡导英语教师合作

一种协作的文化，在信息流的增加之下，就会使聪明人彼此发生可能的联系，当一所

学校拥有一定数量的人才并能良好地协作时，其能量水平将会激励其产生新的思想火花。要开展中职英语教育新课改，更需要教师之间的团结协作。中职英语课程作为基础课程，使用同一套教材，教学内容相同，所以学校可以开展"同课式"研讨学习活动，倡导教师合作，鼓励、支持集体备课，以便相互探究，学习和继承别人优秀的教学经验和研究成果。鼓励倡导教师听课学习，中职英语课程是一门基础课程，使用的教材一样，教学内容也一样，多位教师同时进行教学，那么，不同的教师在教学设计、教学内容处理、教学方法的选择等方面必然会有个体差异，这一种宝贵的教学资源，教师之间应该相互切磋、随时交流、相互启发，从而产生新的思想，打破已有的教学心态，以开放的态度，认真聆听其他教师的课，从中反思自己的教学。加强横向交流与合作，才能不断提高自己的教学水平和教学能力，提高英语课堂教学的有效性。

（四）支持英语教师研究

教研能力提升有助于提升教师解决教学中问题的能力，有助于推动学校内涵式发展。中职学校教学改革和发展的重点就是要放在教育质量的提高上，而内涵建设的展开需要科研成果的保障。因此，在教研教改上，学校要建立教科研奖励制度，强化教师参与教研的动力，大力支持教师参与课题研究和申报课题，鼓励已有课题经验的老教师带新教师，支持和鼓励教研能力强的教师参与并承担省市级课题的研究任务；鼓励教学能力强的教师开展英语教学的研讨课活动；鼓励教师积极撰写教学案例、教学反思、教学论文等，多渠道展示教师的教学教研成果；鼓励教师在网上开辟教学类的博客，在教育教学论坛上发帖、发表论文。通过教科研活动，既能提升自身素质，又能提高课堂教学效果，提升学校整体办学质量，推动学校的发展。

参考文献

[1] 高欢梅. 新编教育学原理 [M]. 北京：北京理工大学出版社，2021.

[2] 许建忠. 翻译教育学 [M]. 天津：天津社会科学院出版社，2021.

[3] 王建华. 高等教育学的持续探究 [M]. 福州：福建教育出版社，2021.

[4] 雷静，皮莉丽. 中职英语听说教程（提高1）[M]. 重庆：重庆大学出版社，2021.

[5] 曹鹤鸣，戴晓燕. 中职英语教学评价与信息技术 [M]. 杭州：浙江工商大学出版社，2021.

[6] 余莉. 实用交际英语口语实训教程 [M]. 重庆：重庆大学出版社，2021.

[7] 丛冰玉，陈鹏悦. 教育学 [M]. 成都：电子科技大学出版社，2020.

[8] 袁振国. 当代教育学 [M]. 5版. 北京：教育科学出版社，2020.

[9] 许文果. 教育学简明教程 [M]. 广州：广州暨南大学出版社，2020.

[10] 卢晓中. 比较教育学 [M]. 北京：人民教育出版社，2020.

[11] 王青. 中职高考英语考试教程 [M]. 重庆：重庆大学出版社，2020.

[12] 钟丽琼，周际. 中职英语（第2册）[M]. 北京：中国水利水电出版社，2020.

[13] 黄忠电. 中职英语语音与口语实训 [M]. 南宁：广西民族出版社，2020.

[14] 颜贻特. 中职英语实践教学研究 [M]. 延吉：延边大学出版社，2020.

[15] 钱朝辉，杨凤玲. 中职英语学习指导与练习基础模块 [M]. 北京：语文出版社，2020.

[16] 王洪才. 教育研究方法论与高等教育学建构 [M]. 北京：光明日报出版社，2019.

[17] 罗德红. 教育学与心理学关系的发展研究 [M]. 北京：中央编译出版社，2019.

[18] 刘赞. 中职英语课堂教学模式研究 [M]. 天津：天津科学技术出版社，2019.

[19] 张巧玲，赵书叶. 中职英语 [M]. 北京：地震出版社，2019.

[20] 雷国登，韦国宏. 中职英语 [M]. 杭州：浙江工商大学出版社，2019.

[21] 曹国庆. 中职英语教学改革与实践 [M]. 长春：吉林出版集团股份有限公司，2019.

[22] 卢娟娟，陈有孝. 教育学 [M]. 延吉：延边大学出版社，2018.

[23] 史小力. 教育学 [M]. 南昌：江西高校出版社，2018.01.

［24］翟向阳，彭玉林．健康教育学［M］．重庆：重庆大学出版社，2018.

［25］朱江，张小毅．中职英语升学考试教程［M］．2 版．重庆：重庆大学出版社，2018.

［26］艾小波．中职英语诊断卷［M］．重庆：重庆出版社，2018.

［27］刘阳，代桂琴．中职英语［M］．北京：中国原子能出版社，2018.

［28］孔源．中职英语教学方法研究［M］．天津：天津科学技术出版社，2018.

［29］赵冬菊．中职英语口语在线检测［M］．北京：中国人民大学出版社，2018.

［30］姜君．中职英语有效课堂的创建［M］．长春：吉林大学出版社，2018.